EMPÁTICO Y ENEAGRAMA

LA GUÍA DE SUPERVIVENCIA FÁCIL HECHA PARA
LA CURACIÓN DE LAS PERSONAS ALTAMENTE
SENSIBLES - PARA LOS PRINCIPIANTES EMPATÍA Y
EL DESPERTAR

CATALINA DE CORDOVA

ENRIQUE VERAS

ÍNDICE

PERSONA ALTAMENTE SENSIBLE

LA TRAVESÍA DEL ENEAGRAMA

PERSONA ALTAMENTE SENSIBLE

UNA GUÍA COMPLETA DE SUPERVIVENCIA
PARA ALIVIAR LA ANSIEDAD, FRENAR LA
SOBRECARGA EMOCIONAL, Y ELIMINAR LA
ENERGÍA NEGATIVA, PARA EMPÁTICOS E
INTROVERTIDOS

información contenida en este documento, incluidos, entre otros, - errores, omisiones o inexactitudes.

INTRODUCCIÓN

"¡Eres demasiado sensible!", Dicen. *"Solo necesitas tener una piel más gruesa".* Escuchas de amigos y familiares bien intencionados. Si esto te suena familiar y te encuentras luchando con la aceptación propia y los sentimientos de vergüenza, podrías ser lo que se conoce como una Persona Altamente Sensible (PAS) también conocido como Empático.

Como alguien que posee este regalo, la autora, Sarah Howard ha luchado con los altibajos de sentir que estaba a merced de las emociones de los demás. En una fría mañana de diciembre de 2014, mientras todos (incluida la propia Sarah) estaban de buen humor sobre las próximas vacaciones, Sarah corría de tienda en tienda para comprar los regalos de última hora para sus seres queridos.

Todo iba bien hasta que, mientras esperaba en la fila, escuchó a alguien detrás de su murmullo "la gente que corta la línea me enferma". Sarah no le prestó mucha atención, ya que sabía que no había cortado la línea, por lo que esta señora debe estar hablando de otra persona.

"Dije", escuchó detrás de ella, "que las personas que cortan la fila me enferman". Esta vez, Sarah sintió que la queja se dirigía hacia ella, por lo que se volvió para corregir cortésmente a esta dama que estaba equivocada.

Sin embargo, tan pronto como se volvió, la mujer comenzó a gritar de manera confrontativa, "¡sí, tú! ¡No soporto la forma en que la gente piensa que pueden hacer lo que les gusta y cortar líneas como si fueran la reina del mundo! "

"¡Ese no es el caso!", Quería decir Sarah. "¡He estado aquí todo el tiempo! ¡Nunca he cortado una línea! ", Pero ella no pudo pronunciar sus palabras. Estaba tan conmocionada y asustada por la ira de esta mujer que no pudo hablar.

Mientras la mujer continuaba reprendiéndola, Sarah se encontró abrumada por la ira, el miedo y la tristeza. Ella no sabía qué hacer y comenzó a llorar.

Dejó caer los regalos que sostenía y salió corriendo de la tienda, angustiada.

Durante los días siguientes, continuaba sintiéndose molesta, y no importaba lo que hiciera, o cómo sus amigos y familiares trataran de ayudarla, no podía sacudir esa tristeza que aquella mujer en la tienda le había transmitido.

Esto terminó arruinando su día de Navidad, ya que todavía estaba tensa, enojada y triste por la experiencia. Esto solo sirvió para agravar su miseria y, después de despertarse el 26 de diciembre de 2014, decidió: ¡ya es suficiente! Iba a descubrir POR QUÉ las emociones negativas de otras personas parecían afectarla tan poderosamente y CÓMO recuperar el control de sus propias emociones, energía y vida, de una vez por todas.

Esta decisión la llevó a entender qué le afectaba a ella y a otros como ella. Después de años de experimentar consigo misma, conectar directamente con los demás y simplemente trabajar duro, Sarah ha encontrado lo que ella ve como las herramientas más efectivas y poderosas para ayudar a otras personas altamente sensibles a perdonar sus defectos percibidos y lograr su plena auto-actualización.

Ahora, quizá para ti alguien que te grite por cortar la línea no obtenga la misma respuesta. Sarah definitivamente está en el extremo más sensible del espectro de los Empáticos. Pero sea lo que sea con lo que esté luchando en tu vida cotidiana, al comprender mejor tus propias emociones y energías, estarás mejor equipado para enfrentar el mundo y sus problemas inevitables.

Este libro es la culminación de estos años de arduo trabajo e investigación y tiene como objetivo ayudar a enseñarte las herramientas y técnicas necesarias para desarrollar la capacidad de recuperación en ti mismo.

Esto es lo que puedes esperar a medida que avanzas en este libro:

En el Capítulo 1: El Camino del Empático, discutiremos la historia del término "Empático" y lo que significa ser un empático en el mundo de hoy. Te mostraremos cómo es un día típico para un empático con la esperanza de que puedas conectarte y relacionarte con estas experiencias.

Hablaremos sobre las luchas diarias de los empáticos, y también los aspectos positivos de este regalo, y cómo puedes empezar a replantear las creencias que pudieras haber tenido sobre ser una persona altamente sensible.

En el Capítulo 2: Señales del Empático, cubriremos las 29 señales de Empáticos para que puedas ver con cuántos te identificas. Estos puntos son un excelente punto de partida para las personas que apenas están descubriendo su don, y deberían darte muchos momentos de "¡ah-ha!" cuando te das cuenta de que hay otros como tú!

Exploraremos más a fondo las experiencias positivas y negativas de los empáticos, detallaremos los detalles de cómo cada aspecto afecta la vida interna y externa de las personas.

Para el Capítulo 3: El fenómeno empático, profundizaremos en la investigación y la ciencia de la experiencia de ser una persona altamente sensible. Entre otros puntos, discutiremos el papel que desempeñan los CEM (campos electromagnéticos), las neuronas espejo y la dopamina en la vida de un empático.

Al comprender las realidades físicas que sustentan esta experiencia, podrás aplicar tu don de formas aún más poderosas e impactantes.

En el Capítulo 4: Prácticas de sanación energética, analizaremos los diversos métodos que puedes utilizar para comenzar a sanar tus energías. Cubriremos algunas de las prácticas más conocidas, como el yoga y la meditación, pero también algunos de los métodos menos conocidos (y muy efectivos), como la limpieza de chakras y la curación con cristales.

En este capítulo, se te darán las herramientas prácticas para comenzar tu travesía hacia la sanidad, con orientación en cada paso sobre cómo utilizar completamente cada práctica para obtener el mayor beneficio.

En el Capítulo 5: Aprendiendo a controlar su energía, discutiremos los pasos que deberás seguir para identificar completamente tus propias energías y las de los demás. Una vez que tengas una comprensión sólida del poder total que las energías de otras personas pueden tener sobre ti (tanto positiva como negativamente), serás más eficaz en el control de las energías propias y ajenas.

Para el Capítulo 6: Diseño de tu sueño curativo, entraremos en detalle sobre la importancia de tu sueño curativo. Detallaremos cómo será para ti y cómo diseñar el tuyo para obtener el máximo efecto. Este es un paso que algunas personas podrían llamar estar "un poco fuera de lugar", pero es una oportunidad tan profunda para llevar tu sanidad al siguiente nivel, simplemente no se puede ignorar.

Capítulo 7: La sanación de tu pasado se trata de profundizar y descubrir los efectos que tu pasado ha jugado en tu vida y mentalidad actual. Identificaremos las lecciones de vida que has acumulado y discutiremos cómo pueden ayudarte (u obstruirte) en tu vida cotidiana. Terminaremos discutiendo la importancia y las técnicas para vivir tu vida en el momento presente.

Capítulo 8: Sanando a tu niño interno, cubrirá ... ¡cómo sanar a tu niño interno, por supuesto! Esta es una extensión del capítulo anterior donde profundizamos en los detalles de tu infancia y cómo lo que experimentaste ayudó a dar forma a la persona que eres hoy.

En el Capítulo 9: Sanando tu Ser Actual, descubrirás cómo dar un paso atrás y ver qué áreas de tu vida necesitan ser sanadas. Nos referiremos a la importancia de tu autoconciencia recién descubierta, así como a dar los pasos finales para liberar el dolor y el trauma de tu pasado para vivir tu mejor vida. Este capítulo culmina en el esquema para incorporar la auto-curación regular en tu vida cotidiana.

Capítulo 10: Practicar la Curación Social te desafiará a tomar todo lo que has aprendido hasta ahora y ponerlo en práctica en situaciones sociales. Este capítulo es uno de los "más pesados" / "más difíciles de leer", pero, todo lo que has aprendido hasta este momento te ha preparado para los pasos que te cambiarán la vida en este capítulo.

Discutiremos la importancia de asumir la plena responsabilidad de ti y de tus relaciones, y cómo este cambio de ser víctima a una persona totalmente capacitada te ayudará a superar muchos de los obstáculos que podrías enfrentar actualmente en tu vida.

¡Concluiremos recordándote que la vida se trata de DIVERSIÓN! Necesitas tomarte el tiempo y darte permiso para divertirte. ¡Estos cambios de mentalidad, junto con la práctica continua de "Abogar por ti mismo" te dejarán con la seguridad que puedes sanarte a ti mismo y enfrentar cualquier desafío que la vida te presente!

Te animo a que sigas este libro a tu propio ritmo. Intenta absorber completamente el mensaje de cada capítulo antes de continuar. Notarás, una vez que llegues a los últimos capítulos que se centran en la sanidad, que puedes sentir que tienes muchos pasos de acción que tomar, especialmente si todavía vives en la etapa de tu don en donde aún no puedes identificar y controlar la energía de quienes te rodean.

Tomar las cosas lentamente y darse el tiempo para dar cada paso asegura que no te sientas abrumado.

Por lo tanto, si estás listo para dar el primer paso para comprender tu don y sanar en el nivel más profundo, ¡es hora de comenzar! ¡Tómate tu tiempo y diviértete!

1

EL CAMINO DEL EMPÁTICO

*E*l término Empático se ha convertido recientemente en un tema popular dentro de la comunidad espiritual, ya que las personas comienzan a darse cuenta de que ser sensible es un don, y no algo que se obtiene o ridiculiza.

Como empático o persona altamente sensible (notarás que usaremos estos dos términos indistintamente en todo el libro), tienes un don único que te permite sentir realmente las necesidades de los demás, del mundo y del universo como entero. Esto significa que tienes la habilidad única de ser un sanador poderoso y positivo del mundo. Tu don te da la oportunidad de sentir dónde puedes ofrecer más amor y compasión, y luego dar este amor y compasión como una forma de contribuir a las vibraciones de este planeta amado.

Desafortunadamente, en algunos casos, la vida como empático puede llevar a conductas obsesivas que agotan tus energías y evitan que experimentes las verdaderas maravillas de tu don. Si sabes que eres un empático, o si sospechas que podrías serlo, entonces es probable que tengas muchas preguntas sobre lo que significa este don y de dónde proviene.

Exploraremos en este capítulo lo que significa ser un empático, por qué vives con este don, y cómo este don puede ayudarte a vivir el verdadero propósito de tu vida.

Comenzaremos con la historia de lo que significa ser un empático y cubriremos la definición más moderna para ayudarte a comprender tu don, y cómo encaja en la composición única del universo.

La Historia de los Empáticos

En los últimos años, el término empático o persona altamente sensible ha surgido en muchas culturas diferentes como una forma de describir a las personas que parecen ser de alguna manera emocional o místicamente sensibles a los demás. Los empáticos eran considerados sanadores, filósofos y maestros espirituales talentosos en las antiguas tribus africanas y de las Primeras Naciones.

Estas tribus, conocidas por ofrecer a sus empáticos bendiciones especiales y trato compasivo a cambio de compartir sus dones con las tribus, continúan considerándolos como tales.

Los psicólogos interesados en ayudar a las personas de todo el mundo a comprender los dones únicos del empático, y cómo pueden dominar estas sensibilidades, han popularizado recientemente el fenómeno. El Dr. Carl Rogers ha desempeñado un papel fundamental en el progreso de la comprensión de los empáticos y los dones empáticos en la historia reciente al sugerir que esto puede ser un fenómeno parapsicológico. En esencia, él cree que esta es una manera única para que ciertas personas entiendan y apoyen a otros en sus vidas a un nivel más profundo de lo que se creía posible.

"A veces escuchar a alguien más no es suficiente", dice el Dr. Rogers, "porque la empatía de los demás es lo que necesitan: los empáticos, que tienen el mayor grado de empatía, son maravillosos al ofrecer este apoyo único a las personas".

Ser empático en el mundo de hoy

La vida como empático en el mundo de hoy es completamente diferente de cómo era en el pasado para los empáticos reconocidos. Los empáticos eran venerados por sus sociedades y los que les rodeaban les ofrecían constante apoyo, compasión y respeto.

Sin embargo, aparentemente en las culturas occidentales, lo inverso era cierto. Las personas que experimentaron una mayor sensibilidad que otras fueron consideradas débiles y sus compañeros a menudo las avergonzaban por sus conductas sensibles. Como resultado, la sociedad se volvió agotadora e incómoda para los empáticos, especialmente aquellos que no tenían idea de que eran empáticos.

La comprensión de lo que significa el término "empático" se ha desarrollado con el tiempo, y muchos empáticos han tenido la oportunidad de explorar sus dones con una mejor comprensión de sus dones y por qué experimentan lo que hacen.

Esto también ofrece la oportunidad de experimentar un mayor sentido de compasión por ellos mismos, ya que ahora pueden comprender que no son *del todo* débiles. De hecho, son increíblemente poderosos y tienen la capacidad de cambiar el mundo tal como lo conocemos al ofrecer sus dones amorosos, compasivos y empáticos a las personas que los rodean.

A medida que la sociedad continúa cambiando para ser más compasiva con sus seres sensibles, los empáticos tienen la oportunidad de comprenderse mejor a sí mismos y ganarse la admiración de su comunidad.

En lugar de ser ridiculizados por sus habilidades y rasgos de personalidad, muchos están encontrando santuarios seguros en el mundo donde pueden participar en la sociedad y desempeñar un papel activo en sus vidas. La era de ser un empático maldito que se consideraba débil está llegando rápidamente a su fin, ya que los empáticos ahora realmente están comenzando a ser entendidos y respetados por sus increíbles dones.

Un día en la vida de un empático

Como empático, es posible que hayas notado que tu vida diaria puede ser muy diferente de la vida de quienes te rodean. Si aún no has encontrado un grupo de personas que entiendan lo que se siente, podría sentirse aislado, incómodo o frustrante, cuando intentas explicar tus experiencias a los demás. Tu falta previa de la experiencia más profunda de ser un empático significa que no puedes transmitir completamente lo poderoso que eres. Lo más probable es que, cuando te despiertas, sientes una inmensa cantidad de energía al instante. Literalmente puedes "sentir" la energía del día a partir de qué día es, lo que puede o no influir en cómo te sientes por la mañana.

Tus experiencias matutinas también pueden jugar un papel importante en tu energía para el día. Si son positivos, como ser recibido por tu perro feliz y desayunar con tu familia generalmente positiva, tus energías probablemente se sentirán completas y nutridas. Sin embargo, si despiertas en un hogar desordenado, un cónyuge que está constantemente malhumorado por la mañana, o un niño triste que tiene una pesadilla, podrías comenzar el día con energías negativas relativamente intensas que coinciden con las de aquellos que te rodean.

Esto puede ser un desafío si estás tratando conscientemente de enfrentar tu día con una energía positiva, pero en cambio te sientes abrumado y exhausto antes de comenzar el día. Si trabajas o pasas el día con otras personas, la mayor parte de tu jornada de trabajo puede ser agobiante, ya que absorbes estas energías constantemente, y las sientes como si fueran tuyas. Por ejemplo, si alguien llega tarde al trabajo y todos están de mal humor porque se ha ralentizado el flujo de trabajo, es posible que te sientas irritable y agotado, pues absorbes las molestias tanto tuyas como las de los demás.

Si tienes la suerte de pasar sus días trabajando en un ambiente positivo, puedes sentirte excepcionalmente positivo durante todo el día, pero aún puedes sentirse agotado después del trabajo debido a la cantidad de diferentes tipos de energía que chocaste durante el día. Si tu día fue positivo o no, la cantidad de energía que experimentaste a tu alrededor probablemente fue agotador, y te hizo sentir que no te quedaba nada para ti.

Puedes pasar tus tardes tumbado y sin hacer nada como una forma de relajarte y permitir que tu energía se llene nuevamente al día siguiente. Si el flujo de las energías de los demás resuena contigo todos los días, experimentarás la vida de un empático que aún no ha entendido, aceptado y dominado completamente sus dones empáticos.

A medida que avancemos en este libro, descubrirás que tu vida no tiene que sentirse así en absoluto, y que puedes experimentar una vida más positiva y placentera sin sentirte agotado al final de cada día. ¡De hecho, descubrirás cómo puedes generar aún más energía para ti mismo, para que puedas aprovechar al máximo tu vida, al mismo tiempo que dominas tu don único de empatía!

El llamado del empático

Ser especialmente sensible ante las energías de los demás significa que naciste con un don increíble que realmente puede ayudarte a cambiar el mundo. Puedes ser la persona que ayuda a superar el sufrimiento colectivo que las guerras, la avaricia y la ignorancia han ejercido sobre la humanidad durante cientos de años.

Tienes el don de poder escuchar y comprender a las personas por completo. Puede apoyarlos en sus caminos hacia la sanidad utilizando tu habilidad de sentir empatía completa a un nivel increíblemente profundo. Cuando alguien necesita amor, compasión, orientación o tranquilidad, sabe que puede acudir a ti y experimentarlo. Dado que esto es lo que le falta al mundo en este momento, eres la persona perfecta para ofrecerlo al mundo. Probablemente hayas visto esta tendencia en tu vida con la cantidad de personas que han buscado apoyo o compasión de tu parte. Es posible que este patrón se haya vuelto tan regular que te encuentres alejándote o evitando las relaciones porque a veces puedes sentir que se necesita más energía de la que te queda.

Esto puede llevar a sentimientos de culpa o soledad en tu vida, pero puede parecer un precio razonable para evitar sentirte abrumado por tu energía y por todos los que te rodean. Los empáticos a menudo son llamados a roles de cuidado, a menudo optan por trabajar como sanadores, cuidadores, defensores y maestros. Esto se debe a que tienen las características únicas que pueden marcar una verdadera diferencia en el mundo y en las personas que lo rodean. Sin embargo, sus dones empáticos, si no se administran, pueden llevarlos a sentirse abrumados e incapaces de perseguir estas vocaciones por temor a quedar totalmente exhaustos y privados de energía.

Si un empático es capaz de aprender a dominar su don y usar sus talentos empáticos para su ventaja, descubrirán que pueden hacer cambios masivos en el mundo que los rodea al perseguir estos roles y entrar plenamente en ellos.

Se sabe que algunos de los líderes, curanderos y maestros más influyentes de nuestro tiempo son empáticos. Oprah Winfrey, Deepak Chopra, la princesa Diana, el Dalai Lama y Mahatma Gandhi son famosos empáticos que han asumido sus roles, los dominaron y cumplieron sus propósitos de vida. Esto demuestra que puede hacerse, y de una manera hermosa, siempre que te tomes el tiempo para comprenderte realmente, tener compasión de ti mismo y satisfacer tus propias necesidades como empático y como ser humano.

Una comprensión realista

Una vez que comprendas que tu propósito en la vida es sanar al mundo, puedes sentirte bastante intenso o exhausto. Por un lado, debido a tu naturaleza y la forma en que interactúas naturalmente con quienes te rodean, combinado con tu llamado innato, es posible que tenga sentido. Por otro lado, aún puede parecer desalentador e incluso imposible asumir una tarea tan enorme si no se toma el tiempo para visualizarlo de manera realista y ponerlo en perspectiva. ¡Quiero recordarte que *no estás solo*! Esperemos que esto te ayude a sentirte un poco menos intimidado por todo esto.

No eres el único empático que existe, y no eres el único empático que apoya el objetivo de sanar a quienes nos rodean. Hay miles, si no, cientos de miles de otros empáticos que están dedicados a apoyar esta travesía de sanidad que estamos atravesando colectivamente en este momento. Todo lo que tienes que hacer es aprender a dominarte y contribuir de la manera en que te sientas más alineado. Al aprender a dominar tus propias energías, puedes hacer un uso positivo de ti mismo, y de tu propósito de cambiar el mundo que te rodea. Puedes hacer esto siendo un sanador de energía, maestro o filósofo, si sientes que enfocándote en un nivel más íntimo y local encajaría mejor con tus objetivos. O puedes hacerlo llevando a cabo una misión a gran escala, como tener un programa de entrevistas público para llegar a las masas. (piensa en Oprah).

No hay reglas para esto y no hay nada que diga que un sueño o propósito sea más o menos digno que otro, sin importar cuán grande o pequeño pueda parecer. Debes confiar en que naciste con la habilidad divina de cumplir tu propósito, y que ese propósito es tu vocación en la vida, sin importar lo que alguien diga o piense al respecto. Algunas de las vocaciones más importantes de los empáticos provienen de innovar una nueva forma de contribuir con su propia energía y propósito a las masas, y servirlos de la manera en que se sentían más alineados.

No hay una forma correcta de contribuir. Si todavía no estás seguro de cuál es tu vocación personal, es probable que tengas dificultades para pasar ese tiempo consigo mismo y desarrollar la autoconciencia, porque la energía de la sociedad te está agotando constantemente. No te preocupes, cuando sea el momento adecuado, tu llamado aparecerá, y se te revelará, todo lo que tienes que hacer es mantenerte encaminado. Sigue tu travesía a la sanidad y haz lo que sientas es lo correcto. Aparecerá antes de que te des cuenta, y tendrás el mapa exacto de la razón por la que estás aquí.

2

SEÑALES DE EMPATÍA

Si al leer el último capítulo sentiste una profunda resonancia con lo que leíste, puedes estar bastante seguro de que eres un empático. Sin embargo, es posible que te preguntes qué implica tu don de empatía, y qué aspectos de ti reflejan el don.

La empatía aparece de muchas maneras, por lo que es probable que hayas encontrado muchos casos en los que la empatía ha afectado o cambiado tu vida, y cómo interactúas con el mundo que lo rodea.

Para ayudarte a sentirse cómodo y seguro, y para ayudarte a comprender exactamente cómo ser empático afecta tu vida, exploraremos las señales de ser empático y los síntomas comunes que probablemente hayas experimentado en tu vida. Esto te ayudará a determinar si eres empático o no, y cómo la empatía afecta tu vida. Aunque discutiremos una serie de señales en este capítulo, es importante recordar que resonando con solo uno de estos es suficiente. No es raro que los empáticos sientan una conexión con tres o más de ellos, pero no te desanimes si solo uno o dos se ajustan a tu experiencia de vida.

Cada empático es único en la forma en que se manifiesta su don. Por lo tanto, es posible que algunas de estas señales resuenen más intensamente que otros. También puedes estar de acuerdo hasta cierto punto con cada uno de ellos. Mientras puedas resonar profundamente con al menos uno o dos de estos signos, es probable que seas un empático. Probablemente experimentarás mas estos signos a un nivel más profundo a medida que te sumerjas en tu don y aceptes la realidad del empático.

Las señales de los empáticos

La gente señala tu sensibilidad

Otras personas tienden a reconocer una mayor sensibilidad en los empáticos, que a menudo señalan en diferentes momentos de sus vidas. Tu mayor sensibilidad puedo haber sido elogiada en el pasado como una señal maravillosa de que tiene un gran corazón, o pudo haber sido usada en tu contra en aquellos que afirman que tu sensibilidad es una debilidad. Las personas que señalan tu sensibilidad son una experiencia común para muchos empáticos.

Ser sensible hasta el punto en que otros reconocen que la sensibilidad puede sentirse como una bendición o una maldición, dependiendo de cómo reaccionen los demás. Si te han hecho sentir intimidado por tu sensibilidad en el pasado, podrías sentir que esto es una debilidad, y que debes tratar de ser más fuerte y tener un "caparazón" más duro. En este caso, deberás concentrarte en sanar al niño que llevas adentro de estos incidentes de intimidación, para que puedas aceptar tu sensibilidad como un regalo.

Si has experimentado esto como algo positivo en tu vida, como personas que comentan cuánto te valoran como persona sensible, a veces puedes ser explotado por tu sensibilidad. Aunque este no es siempre el caso, muchos empáticos tienden a apoyarse en las personas agradables y "dan" su energía a través de su sensibilidad para mantener un ambiente positivo alrededor de los demás. Si estás rodeado de personas y comienzas a experimentar las emociones que ellos mismos están experimentando, probablemente eres un empático.

Los empáticos a menudo reportan que sienten las emociones de otras personas profundamente, y con frecuencia las expresan de manera más clara y efectiva que la otra persona. Por ejemplo, si alguien escucha malas noticias y se siente conmocionado y triste, puede experimentar la energía de esas noticias a través de ellas, y más intensamente que ellas, por lo que puede encontrarse llorando por las noticias, aunque no le afecte. Esta pantalla puede ser aún más "llamativa" que la otra persona que puede luchar para sentir y procesar sus emociones de manera efectiva.

También puede ser abrumador para ti estar rodeado de personas que no saben cómo procesar sus emociones de manera efectiva. Es posible que percibas un sentimiento constante e intenso dentro de las personas que tienden a reprimir sus emociones, que proviene de tener demasiadas emociones no expresadas. También puedes sentirte abrumado por las personas que se expresan en voz alta o agresivamente, porque la producción de energía es muy intensa.

Los sentimientos negativos agotan

Los empáticos a menudo están abrumados por los sentimientos negativos. Esto incluye sentirse abrumado por los sentimientos negativos de otras personas y los suyos. Los sentimientos negativos a menudo vienen con una energía pesada y densa que puede dejar un sentimiento de empatía, como si la emoción misma los estuviera agobiando. Como resultado, puedes estar agotado, frustrado y tener dificultades para expresarte. Un deseo intenso de apartar la energía de ti puede llevar a evitar o negar sentimientos negativos como una forma de evitar enfrentar esta gran densidad de emociones.

Algo sorprendente es que muchos empáticos no son plenamente conscientes de que los sentimientos positivos también pueden llegar a ser abrumadores. La energía positiva se emite a una frecuencia alta y puede provocar sentimientos de ansiedad, especialmente cuando se experimentan por períodos más largos. Después de una intensa experiencia positiva, no es inusual que un empático se sienta particularmente agotado porque la frecuencia de energía era muy alta e intensa. Si eres un empático que aún no has aprendido a dominar tu don, es probable que te encuentres extremadamente abrumado en las multitudes como resultado de esto.

Cualquier lugar con una gran multitud de personas puede ser exhaustivo, debido a la gran cantidad de energía que constantemente tienes que absorber y procesar. Es posible que sientas que te mueves lentamente a medida que las energías a tu alrededor se mueven a la velocidad de la luz. Las dos frecuencias completamente diferentes pueden llevar a una intensa sensación de agotamiento, y pronto dicha abruma se lleva a cabo. Debido a esto, el deseo de abandonar o evitar todas las multitudes es algo que crece dentro de muchos empáticos en un esfuerzo por evitar los sentimientos incómodos asociados con ellos. Si sientes una ansiedad intensa por las multitudes, pero prefieres ser una persona extrovertida y social, el conflicto interno puede ser sumamente frustrante cuando intentas equilibrar la ansiedad con tus deseos extrovertidos.

Lo bueno es que puedes cambiar la forma en que te acercas a las multitudes, y participar con éxito en experiencias extrovertidas e incluso prosperar al aprender a dominar tu energía y manejarte en lugares con energías más ocupadas.

En un mundo donde todos parecen esforzarse por volver a conectarse con su intuición, es posible que tengas dificultades para relacionarse con este deseo.

Para ti, estar en contacto con tu intuición siempre te ha llegado naturalmente, y te sorprendería que no sea lo mismo para los demás. Siempre has experimentado el aporte de tu intuición desde que tienes memoria, y siempre ha sido correcto. Sin embargo, si eliges creerlo o no, puede ser una historia completamente diferente. Debido a lo "dura" que ha sido la sociedad durante tanto tiempo, muchos empáticos ignoran descaradamente su intuición y, en cambio, siguen lo que "se supone que deben hacer". Esto a menudo lleva a que se trace el camino equivocado, y que hagan cosas indebidas que pueden llevar a una gran cantidad de problemas y consecuencias.

Si te has encontrado con dificultades para confiar en tu intuición a pesar de que siempre parece correcta al final, no estás solo. A medida que sanes la relación contigo mismo y tu conciencia superior, aumentará tu capacidad de confiar y actuar según tu intuición, y verás que no lucharás tanto.

Tu umbral de dolor es bajo

Muchos empáticos encuentran que su umbral de dolor real para las experiencias físicas y emocionales es particularmente bajo. Recibir tus vacunas, al cortarte con papel, o tener dolor de cabeza puede ser particularmente intenso para ti. Es posible que incluso lo sientas tan mal que te da vergüenza experimentar estas cosas con otros por miedo a cómo reaccionen ante tu respuesta a un estímulo doloroso.

Es posible que te evites lugares de mucho dolor, como consultorios médicos u hospitales porque es un desafío para ti estar cerca de tantas personas que sufren. Los demás que sufren no solo crean una energía difícil para que la abraces, sino que también la energía del edificio puede afectarte. Prefieres evitar estos lugares tan a menudo como sea posible para que no sea necesario abrazar la energía del dolor.

Tu conciencia física es fuerte

La gente probablemente no te cree, pero puedes sentirte enfermo antes de que comience cualquier síntoma. Puede sentir que algo crea enfermedades en tu cuerpo y puedes reconocer qué cambios suceden en tu cuerpo, incluso si estos cambios no son significativos. Es posible que a veces ni siquiera puedas describirlos como un síntoma particular, porque es muy sutil y, sin embargo, tan obvio para ti. Es probable que los dolores de cabeza, los trastornos gastrointestinales y dolores musculares sean los mismos. Algunas personas pueden pensar que eres hipocondríaco porque reflexionas constantemente sobre los cambios en tu cuerpo y, en algunos casos, puedes estar preocupado de que algo malo esté sucediendo.

Cuando intentas explicar las cosas a los médicos, pueden tener dificultades para obtener un diagnóstico claro porque lo que experimentas es algo de lo que la mayoría de la gente no habla, por lo que no pueden vincular los síntomas con ninguna enfermedad reconocida. La mayoría de las personas probablemente experimentan estos síntomas, pero no los reconocen porque carecen de la conciencia física que tienes. Sin embargo, tus inquietudes valen la pena y, al final, a menudo se descubre algo que puede causar tus síntomas. La razón principal por la que no fueron considerados anteriormente es porque tu médico probablemente no reconoció que los notó antes de lo que otros lo habrían hecho, por lo que asumieron que las causas probables eran poco probables.

Hay medios o imágenes que son negativas y difíciles de ver

Quizá te sientas sumamente incómodo al ver imágenes de crueldad o al escuchar historias de dolor sentidas por otros. Podrías sentir náusea y estar casi enfermo por las historias que escuchas o las imágenes que ves. También puedes sentir un intenso brote de dolor casi como si también estuvieras sufriendo. Probablemente hayas creado un entorno en el que no prestes atención a las noticias, leas los tabloides, o te navegues en ciertos sitios de redes sociales porque temor al dolor que sentirías si encuentras un artículo negativo. En lugar de arriesgarte, prefieres evitarlo y mantener tu energía segura y libre de cualquier enfermedad o dolor de tales historias o imágenes.

Puedes notar a un mentiroso

Puedes saber intuitivamente cuando alguien no te dice la verdad. Aunque probablemente no puedas explicarlo, puedes sentir por dentro cada vez que alguien te dice una mentira, o alguien a tu alrededor deliberadamente oculta la verdad. Es una energía que te hace sentir escéptico e incómodo, y te apoya en tu creencia de que lo que dijiste fue deshonesto. La energía de las personas que mienten puede ser extremadamente incómoda para ti, por lo que puedes evitar por completo a los mentirosos. Si alguien que conoces o con quien pasas el tiempo miente con frecuencia, es probable que minimices tu tiempo con él, o encuentres una manera educada de terminar tu relación con él. El sentimiento en sí mismo es incómodo y puede ser muy agotador, y no deseas pasar tiempo con mentirosos. Evitas tales relaciones como la peste.

Los estimulantes o medicamentos parecen más fuertes.

Si tomas un estimulante o medicamento, o cualquier otra cosa que de alguna manera pueda "intoxicarte", es probable que te afecte mucho más que la persona promedio. La cafeína, por ejemplo, puede tener un impacto particular en ti al hacerte sentir con demasiada energía cada vez que la ingieras. El alcohol puede ser algo que debes disfrutar con moderación para evitar sobrepasarte, e incluso puede hacer que tus dones empáticos sean más abrumadores de lo normal en algunos casos. Muchos empáticos dicen que incluso tienen dificultades para tomar ibuprofeno para los dolores de cabeza porque tienen un impacto tan fuerte en ellos. Debido a tu mayor conciencia física, es posible que también te resulte difícil aceptar las diferencias asociadas con la toma de medicamentos como analgésicos. Cada vez que los sientas en tu sistema, se puede crear una sentido de incomodidad o ansiedad que dura hasta que el medicamento abandone tu cuerpo sistema por completo. En cambio, esto puede llevarte a evitar los analgésicos y recurrir a remedios naturales, que al final te harán sentir mejor.

Experimentando los síntomas de otros

La capacidad de experimentar síntomas de otras personas es un síntoma común y a veces extraño que las personas experimentan cuando son empáticos. Si alguna vez has estado cerca de alguien que reportó tener un cierto síntoma, como tener dolor de cabeza, y luego comenzaste a sentir dolor de cabeza, eres un empático. Esta dinámica particular puede ser desafiante porque otros pueden sentir que intentas competir con ellos y sus síntomas como una forma de llamar la atención de los demás. La realidad es que no sucede. En cambio, sientes una fuerte simpatía hacia esta persona que tomas sus síntomas. Los embarazos empáticos que experimentan los esposos u otras personas particularmente cercanas a las mujeres embarazadas son un caso común y, a veces, gracioso cuando esto sucede. Por ejemplo, si un esposo está con su esposa embarazada en la otra habitación y comienza a experimentar lo que cree que son contracciones, experimenta una resonancia empática.

Los empáticos a menudo entienden esto, y a veces ni siquiera saben acerca de las personas. Dado que los empáticos tienden a simpatizar con todos, pueden tomar estos síntomas extraños de cualquier persona, a veces incluso sin que la persona mencione nada sobre el síntoma. Un desafortunado efecto secundario de ser un empático es que quizá tiendes a atraer personas narcisistas a tu vida. Los narcisistas son personas que no tienen la capacidad de experimentar o empatizar. Aunque pueden imitar efectivamente signos de empatía, no pueden sentirlo en sí mismos, lo que a menudo conduce a comportamientos dañinos.

Los narcisistas tienden a ser muy abusivos y manipuladores, y se sabe que sus "víctimas" causan un inmenso sufrimiento psicológico y emocional. Como empático, tienes algo que les falta a los narcisistas: empatía. Además, la tienes en exceso a comparación con los demás. Por lo tanto, eres un candidato ideal para ellos porque saben que es más probable que seas empático con ellos y con su sufrimiento interno. A cierto nivel, puedes sentir el dolor que han experimentado, lo cual los ha vuelto incapaces de empatizar con ellos mismos o con cualquier persona que los rodea, y esto te lleva a sentir pena por ellos. Incluso si no puedes arreglarlos, es posible que lo intentes. Al final, el narcisista te manipula y lastima, y el ciclo nunca termina. Debes aprender a poner fin a las relaciones con los narcisistas y eliminar la creencia de que eres responsable de su capacidad de sanarse a sí mismos si no están dispuestos, o no pueden sanarse.

Podrías beneficiarte al leer más sobre el narcisismo y comprender cómo estas relaciones son como son, y por qué nunca cambian. Esto puede ayudarte a terminar tu relación con los narcisistas y evitar que entables relaciones futuras, y así dejar de ser explotado por personas que realmente no pueden entender que te están explotando. Tiendes a ser extremadamente compasivo con los demás cuando sufren porque los "entiendes" de una manera que nadie más puede.

Como resultado, probablemente encontrarás muchas personas que vienen a apoyarte. Incluso podrías descubrir que las personas que nunca has conocido antes parecen saber que eres es solidario y empático, por lo que se abren a ti sin saber quién eres. Por supuesto, todavía los apoyas como lo sospechaban, porque eso es lo que eres. Apoyar a otros parece ser tu don natural, y a veces incluso puedes hacerlo en detrimento de ti mismo.

Tu empatía puede dificultarte reconocer cuándo necesitas dejar de apoyar a los demás y, en cambio, ofrecerte a ti mismo apoyo, para que de vez en cuando puedas dar demasiado de ti mismo y energía a los demás.

Experimentas fatiga

A menudo, la constante absorción y expresión de energía en ti y a tu alrededor puede llevarte a una sensación constante de agotamiento. A veces, el agotamiento puede sentirse puramente mental, y puedes sentir que tu cuerpo físico puede continuar por un tiempo.

Este tipo de fatiga puede provocar niebla cerebral, dificultad de concentración e incapacidad para involucrarte en tu entorno. Como consecuencia, puedes apartarte para descansar y no hacer nada, incluso si pudieras continuar físicamente si quisieras. Esto no significa que tampoco tengas fatiga física. De hecho, incluso después de un día sin hacer casi nada, puedes sentirte completamente agotado mental y físicamente. Si estás rodeado de demasiadas personas, tan solo sentarte en un escritorio puede parecer física y mentalmente agotador.

Incluso una excursión básica como ir de compras o comprar ropa puede abrumarte y hacerte sentir que no puedes trabajar sin un buen descanso. Mientras que otras personas hacen cosas a todas horas del día, puedes planificar tus salidas alrededor de los períodos de descanso para que después de todo el agotamiento que experimentes, puedas reducir la velocidad y ponerte al día.

Tu vida interior es muy vibrante

Los empáticos tienden a tener un mundo interior muy vibrante. Puedes ser rico en visiones, sueños, ideas y esperanzas que mantienes y cultivas regularmente. Si te quedas con tus propias herramientas, es probable que estas experiencias internas te hagan pasar tiempo soñando, creando o disfrutando de más experiencias místicas como viajes astrales o sueños lúcidos. A diferencia de otros, te vuelves enriquecedor y agradable debido a las muchas cosas en las que necesitas pensar, soñar y crear. De hecho, es posible que te sientas abrumado y frustrado si no tienes suficiente tiempo solo para involucrarte en tu mundo interior.

Regularmente programas un tiempo para estar solo y disfrutar de las cosas solo, lo que te ayuda a sentirte enriquecido y animado para que puedas disfrutar la vida más vibrantemente y con más satisfacción.

Experimentas sensibilidad a los sonidos y sensaciones.

Si no tienes cuidado, los sonidos y las sensaciones tienden a crear energías extremadamente agobiantes en ti. Como empático, es posible que te sientas abrumado y agotado por ciertos sonidos o por el volumen de diferentes sonidos. Algunos sonidos y sensaciones también pueden estimular otras sensaciones dentro de ti que crean una sensación de dolor o incomodidad.

Muchas personas entienden que escuchar las uñas en una pizarra o el movimiento de las teclas puede hacer que su columna se estremezca. Probablemente tengas muchos detonantes para este tipo de sensaciones incómodas que no están estrictamente relacionadas con los sonidos. También podrías descubrir que otros sonidos o sensaciones crean una sensación increíblemente buena en ti. Por ejemplo, algunas bandas sonoras relajantes pueden hacerte sentir, casi al instante, una verdadera sensación de calma que puede anular fácilmente cualquier emoción que hayas experimentado antes.

Puedes encontrar diferentes sonidos y texturas en tu entorno, así como luces y ayudas visuales para crear estas sensaciones positivas y agradables.

Puedes sentirte sumamente agobiado y exhausto al tratar de lograr demasiadas cosas diferentes a la vez.

Intentar hacer algo tan simple como comer y mirar una película, por ejemplo, puede ser abrumador. Esto puede empeorar cuando intentas combinar muchas cosas diferentes, como completar una tarea mientras mantienes una conversación, y al mismo tiempo, intentas escribir notas sobre algo. O, si vas de compras y tratas de seguir bien tu lista mientras pasas por un pasillo con gente, y escuchas a tu esposo, puedes sentirte especialmente agobiada. A menudo, cuando intentas hacer muchas cosas a la vez, te sientes frustrado e irritado por los sentimientos agobiantes. Puedes descubrir que cuando realizas tareas múltiples, puedes decirle a otra persona algo desagradable o duro porque te resulta difícil concentrarte y te sientes frustrado.

Esto puede generar sentimientos de culpa e incluso más frustración, lo que lleva a una espiral de negatividad fuerte y desafiante en tu intento de hacer tareas múltiples. Como sabes que la multitarea puede causar tanta frustración, probablemente intentes evitarla a toda costa.

Tienes que gestionar tu entorno.

No es raro que un empático tenga ganas de gestionar su propio entorno. Tratar de obtener una sensación de control sobre tu entorno al administrar todo, y a todos los que ingresen en él, probablemente sea tu manera de asegurarte de que las energías no sean agobiantes.

Si te encuentra en un entorno que estás luchando por controlar, podrías sentir que tienes que abandonar el entorno porque simplemente no puedes interferir eficazmente con él. En tu hogar, probablemente sea bastante particular, no solo sobre cómo se ven las cosas, sino también cómo se sienten. Probablemente estés decorando y organizando de una manera que se sienta bien para ti, incluso si no necesariamente haga sentido para nadie más. Tu entorno puede parecer confuso o desorientado para los demás, pero se ve perfecto para ti.

No te gusta estar cerca de personas egoístas

Cuando estás cerca de alguien que actúa de manera egoísta, quizá intentes abandonar tal interacción de inmediato. Los egoístas tienden a crear sentimientos de frustración y ansiedad en los empáticos, porque pueden convertirse en vampiros enérgicos que absorben tu energía.

Esto puede ser agobiante, abrumador y exhaustivo. Si tienes una relación con alguien que es egoísta y no puede terminarlas, como una relación con un jefe o hermano egoísta, puedes tratar de crear la mayor distancia posible en dicha relación. Sientes que podrías evitar ser agobiado por esta persona evitándola, minimizando el tiempo que pasas en comunicación, y tratando de amortiguar tus encuentros con otra persona.

Puedes sentir cosas que no sientes

Otros pueden decir que es raro, pero puedes sentir la energía de las cosas que te rodean. Las cosas que ni siquiera tienen sentimientos, como objetos inanimados o ciertos días de la semana, pueden tener una energía muy real y fuerte en tu mente. Por ejemplo, si ves un juguete en el estante equivocado, y un grupo de los mismos juguetes en un estante diferente, puede sentirte obligado a devolver el objeto colocado equivocadamente al otro grupo. Podrías sentir que está triste o solo, por lo que debes ponerlo de vuelta con el resto de sus "amigos".

Cosas como días de la semana, estaciones, e incluso palabras específicas tienen la energía para ti. Por ejemplo, si te despertaras en un domingo, tendrías una energía completamente diferente a un martes en base al día en sí, independientemente de tu agenda, o el estado de ánimo de alguien a tu alrededor. También podrías sentir una sensación de alegría ante ciertas palabras positivas, y una sensación de sufrimiento persistente ante ciertas palabras negativas. Es posible que tales energías no tengan sentido para nadie más que para ti, pero estás convencido que puedes sentirlas, y tienen un gran impacto en ti.

Escuchar es una de tus fortalezas

Eres un gran oyente en cualquier conversación. Puedes "escuchar" intuitivamente todo lo que la persona no dice por encima de lo que dice, lo que te lleva a saber lo que quieren decir, o lo que sienten, incluso si han batallado para comunicarse eficazmente. Esta habilidad de escuchar información no hablada significa que puedes entender a la gente de una manera que otras personas no pueden.

Las personas a menudo se sienten muy bien recibidas a tu alrededor, como si pudieran expresarse con mayor autenticidad porque saben que "lo entiendes". Incluso puedes participar activamente en una carrera o pasatiempos que giran en torno a escuchar porque eres muy bueno en eso. Puede ser fascinante para ti escuchar a las personas, y escuchar todo lo que hacen y no dicen, y darles una sentido de verdadera comprensión. Esto es especialmente cierto si tienes el llamado empático de sanador o de maestro. En tu rico mundo interior, y tu constante estado de alerta energética, a menudo pueden crear experiencias de vida increíblemente maravillosas y enriquecedoras. Sin embargo, en ciertas circunstancias, también podrías hacerte sentirte sumamente aburrido y retraído.

Tratar de realizar tareas cotidianas, como escuchar en las juntas de trabajo, o ingresar datos en las computadoras puede ser sumamente aburrido para ti porque tu mente quiere participar activamente y trabajar. La mente está acostumbrada a estar "en movimiento", por lo que se frustra y trata de encontrar cosas nuevas que hacer cada vez que estés en reposo, o estacionado. Regularmente puedes inclinarse hacia experiencias más enriquecedoras que atraigan sus talentos naturales para la comunicación o la creación como una forma de frenar tu aburrimiento.

Este tipo de experiencias te permiten jugar de manera más divertida con la energía, y te ayudan a sentirte mejor en tu vida. Puedes sentir tu energía entrar en juego cuando te involucras en estas experiencias, y la experiencia probablemente satisfaga toda tu sensación de estar con sentimientos de alegría y satisfacción.

Muchos empáticos experimentan un estilo de vida introvertido porque luchan por participar en entornos activos o agobiantes. Los empáticos que son tímidos por naturaleza, o incapaces de manejar su energía de manera más saludable, tienden a aislarse del mundo externo excesivamente enérgico. Los empáticos pueden minimizar la cantidad de energía que los rodea y sentirse más seguros de controlarse a sí mismos y sus respuestas al retirarse a un estilo de vida introvertido. Incluso los empáticos que quieren ser extrovertidos probablemente se aparten como una forma de salvarse de las energías externas del mundo.

Esto puede llevar a sentimientos de conflicto interno y frustración a medida que el empático lucha por decidir si salir y participar en el mundo y sentirse abrumado, o quedarse en casa y cuidar sus energías.

Las relaciones íntimas pueden ser abrumadoras

Para algunos empáticos, puede ser particularmente abrumador entablar relaciones íntimas. La relación íntima puede sentirse como un pozo de energía donde el empático necesita invertir más de sí mismo de lo que puede, incluso si la relación sigue una dinámica saludable. Para un empático que está acostumbrado a vivir solo, puede ser abrumador y frustrante dar la bienvenida a alguien nuevo en su espacio. Pueden encontrarse evitando por completo las relaciones íntimas para poder controlar su espacio personal de manera más efectiva.

Si sientes que las relaciones íntimas son especialmente difíciles para ti, los empáticos que aún no tienen claro cómo establecer y mantener límites de energía saludables entre ellos y los demás, probablemente experimentarán un revés común. A medida que aprendas a sanar tus energías y afirmar tus límites, construir y fomentar relaciones íntimas será mucho más fácil para ti.

La naturaleza a menudo te parece increíble

Los empáticos tienen experiencias increíbles en la naturaleza. Si bien la naturaleza misma es hermosa para cualquiera que elija disfrutar del tiempo en ella, los empáticos pueden ingresar a la naturaleza como una forma de nutrir su sensación de bienestar y liberar las acumulaciones de energía que pueden experimentar.

La naturaleza es una base para los empáticos que los

ayuda a sentirse finalmente libres de ser como deben ser. Si descubres que la naturaleza misma es como un amigo que te ayuda a vivir tu mejor vida, quizá la naturaleza sea donde finalmente tengas la oportunidad de sentirte en paz con tu vida. Pasar mucho tiempo en la naturaleza puede ayudarte a sentirte nutrido y sanado para poder disfrutar plenamente tu vida. También puedes llevar la naturaleza al interior con plantas y animales domésticos que te ayuden a sentirte conectado con la belleza de la naturaleza sin pasar todo el tiempo al aire libre.

Tienes un gran corazón

Quizá seas una persona amable y amorosa. Los empáticos son conocidos por sus grandes corazones y su capacidad de mostrar amor sin reservas ni inhibiciones a muchas personas diferentes. Los empáticos rara vez sienten que el amor debe "ganarse" o darse lentamente.

Se alegran de compartir su amor y amabilidad con cualquiera con quien puedan cruzarse y hacerlo con la generosidad de su propio corazón. Los empáticos no distribuyen grandes cantidades de amor para esperar ser amados, sino porque la energía del amor llena a un empático, y les encanta compartirlo con todos. Si te encuentras soltando notas de amor aquí y allá, y el emoji del corazón es uno de los emojis más usados, quizá seas un empático. Tu deseo de difundir el amor en todas partes proviene de tu propósito divino interno de amor y compasión para sanar a las masas. Cuanto más compartas tu amor con quienes te rodean, mejor te sentirás.

Tu búsqueda de la verdad

A los empáticos les disgusta mucho la energía de las mentiras y la deshonestidad, tanto que a menudo se encuentran buscando la verdad en la vida. Les gusta rodearse de personas honestas que también persiguen la verdad, ya que su energía tiende a sentirse más "pura" y "limpia". Los empáticos pueden detectar fácilmente la deshonestidad que se les muestra en los medios, la política, e incluso en la educación. Raramente caen en las trampas de la sociedad, y casi siempre buscan formas de encarnar y aceptar la verdad colectiva, y la verdad personal en sus propias vidas.

Si eres escéptico acerca de lo que las masas tienden a considerar "verdadero", y regularmente buscas formas de entender cuál es la verdad real, quizá seas un empático que busca la honestidad. Al encontrar la honestidad, los empáticos pueden apoyar a la sociedad sanando, enseñando y defendiendo la verdad, y poniendo fin a muchos de los diversos sufrimientos que enfrenta la sociedad. Nos movemos constantemente hacia una sociedad nueva y más saludable gracias a los empáticos.

Experimentas cambios frecuentes de humor

Puedes experimentar cambios de humor frecuentes como un empático que no está consciente de cómo pueden manejar su propio campo de energía en cualquier situación diferente. Los cambios de humor surgen como resultado de la gente que te rodea y agotan tu energía. Esto es como experimentar los síntomas de otras personas, salvo que tu también tienes emociones. Es posible que este síntoma aumente en multitudes más grandes, o en entornos particularmente emocionales.

Esto se debe a que muchas más personas están rodeadas de emociones que afectan tu energía. Sin embargo, en entornos tranquilos y tranquilos, aun puede suceder. Incluso los simples cambios climáticos, la hora en el reloj, o la energía de tu entorno (o las noticias de las redes sociales) pueden afectar tu energía, que luego afecta tu estado de ánimo.

Andarse con rodeos

Los empáticos no suelen andar con rodeos. Se dan

cuenta que retener la verdad, o tratar de contarla de una manera más agradable, puede vencer el propósito del mensaje y evitar que la otra persona lo entienda completamente. Incluso si es difícil e incómodo, casi siempre lo dice un empático.

3

EL FENÓMENO EMPÁTICO

*E*l fenómeno de la empatía es una forma para que los psicólogos y psiquiatras miren el mundo de los dones empáticos y descubran por qué todos los empáticos sienten, piensan y actúan de la misma manera. Los investigadores han descubierto cinco razones principales por las cuales los empáticos son así al mirar las mentes de los empáticos. Descubrieron cómo el sistema de neuronas espejo, los campos electromagnéticos, la infección emocional, la mayor sensibilidad a la dopamina y la sinestesia se unen para apoyar a los empáticos con sus dones.

Hay una ciencia detrás de tus dones que explica por qué funcionan y cómo te afectan. Exploraremos estos cinco factores en este capítulo y descubriremos cómo te ayudan a ser un empático. Esto te ayudará a sentirte más seguro acerca de tu don al darte cuenta que es muy normal y experimentado por muchas personas. Al comprender la ciencia de los empáticos, también podemos descubrir cómo puede tener lugar la sanación para que puedas sanar y experimentar la vida como un fuerte empático que prospera todos los días. No tiene que sentir que sufres de tu sensibilidad, *puedes abrazarla.*

El sistema de neuronas espejo

Hay un grupo específico de células cerebrales especializadas en tu cerebro diseñado solo para fines de compasión. Estas células cerebrales funcionan de una manera que permite a las personas reflejar las emociones o sentimientos de otras personas, como el miedo o la alegría. Podemos experimentar compasión entre nosotros con estas células cerebrales para poder apoyarnos mutuamente de muchas maneras diferentes a lo largo de la vida. Por ejemplo, si tu hijo llora, tu sistema de neuronas espejo también te haría sentir triste. Si tu amigo está feliz con su reciente ascenso en el trabajo, estarías feliz *por* él, y también *con* él. A través de esta capacidad de reflejar las emociones de los demás, realmente puedes compartir tu experiencia y ofrecer tu apoyo de cualquier manera.

Esto nos ayuda a profundizar nuestras relaciones emocionales, y nos ayuda a tener un sentido más fuerte de comunidad con quienes nos rodean. Se cree que los empáticos tienen un conjunto de células de neuronas espejo hiperreactivas que permiten que los empáticos resuenen con los que los rodean a un nivel aún más profundo. Esto permite que los empáticos sientan vínculos aún más profundos con quienes los rodean, lo que les permite sentir como si pudieran sentir las emociones o el dolor de otra persona. Dado que la resonancia es más profunda y el reflejo es más fuerte, los empáticos pueden incluso llorar con alguien que sufre porque pueden reflejar muy fuertemente las emociones de la otra persona.

Los narcisistas, sociópatas y psicópatas contrastan con los empáticos. Estas son personas que se cree que tienen lo que se conoce como un "trastorno de empatía deficiente", lo que significa que su sistema de neuronas espejo es de hecho poco activo. Estas personas no pueden experimentar el amor incondicional, y tienden a dañar a los demás como una forma de sentirse bien en sus propias vidas. Se sabe que se aferran a los empáticos o a las personas que probablemente experimentan niveles más altos de empatía porque los anhelan ellos mismos, pero no pueden producir emociones empáticas por sí mismos.

Campos electromagnéticos

La ciencia ha demostrado que tanto el corazón como el cerebro pueden producir activamente campos electromagnéticos pulsados en el espacio del individuo. El Instituto HeartMath afirma que estos campos electromagnéticos son capaces de transmitir información a otras personas sobre la energía de una persona, como sus emociones (energía en movimiento). En general, todos pueden percibir y recopilar información de estos campos electromagnéticos de forma intuitiva, incluso si no se dan cuenta de que lo están haciendo activamente.

Sin embargo, se cree que los empáticos son más sensibles a estos campos de energía, y a menudo pueden verse abrumados por ellos, porque no saben lo que está sucediendo, y es posible que no puedan distinguir la diferencia entre su propio campo electromagnético y el de alguien más. Con sus propios campos electromagnéticos, intuitivamente podemos captar la luna, el sol, la tierra y muchas otras cosas.

También se cree que los empáticos están más en sintonía con estos campos electromagnéticos, como con otros humanos. La mayoría de los empáticos creen, sin lugar a dudas, que la salida electromagnética del sol, la luna y la tierra puede influir significativamente en su energía y mente. Dicho esto, no todos se dan cuenta de que proviene del campo electromagnético respaldado por la ciencia que existe en torno a diferentes personas y cosas.

Contagio emocional

Se cree que un fenómeno conocido como "contagio emocional" es parte de una capacidad empática de sentir tan fuertemente que otras personas también lo hagan. La investigación ha demostrado que la persona promedio puede sentir y comprender las emociones de otras personas cuando están cerca. En un hogar donde una persona llega malhumorada a casa después de un mal día, y luego todos los demás parecen sentirse malhumorados, el contagio emocional puede ser mejor reconocido.

Por lo general, las personas pueden "captar" los sentimientos de otra persona y extenderse sobre un grupo de personas como una ola, llevando rápidamente a muchas personas a la misma experiencia emocional. Los psicólogos creen que la infección emocional es la forma en que los grupos de personas pueden mantener buenas relaciones: pueden entenderse íntimamente y expresar emociones y conexiones similares. Como era de esperarse, se cree que los empáticos tienen una mayor capacidad para "captar" los sentimientos de otras personas a través de este mismo fenómeno. Como tal, sienten las emociones de otras personas de una manera particularmente intensa que pueden sentir que la emoción es auténticamente propia, cuando en realidad proviene de otra persona.

Mayor sensibilidad a la dopamina

La dopamina es un neurotransmisor conocido por aumentar la actividad de las neuronas cerebrales. Las respuestas, incluyendo el placer, están asociadas con la dopamina. La investigación ha demostrado que los empáticos identificados como introvertidos tienen una mayor sensibilidad a la dopamina que los extrovertidos. Esto significa que un empático tímido requiere menos dopamina para responder a los estímulos en su entorno con placer. Esto quizá explique por qué los empáticos introvertidos son más felices de hacer algo tranquilo y relajado que algo extrovertido: demasiada estimulación que produce demasiada dopamina puede provocar sentimientos de agobio y ansiedad debido al aumento significativo del placer.

Los empáticos que se identifican como extrovertidos siguen siendo particularmente sensibles a la dopamina, pero la forma en que procesan la dopamina es completamente diferente de los empáticos introvertidos. En lugar de sentirse abrumados por el exceso de dopamina, los empáticos extrovertidos realmente anhelan la dopamina y se encuentran haciendo cosas en busca de un "alto nivel de dopamina". Esto significa que se involucran regularmente en entornos activos, se unen a las multitudes y disfrutan el lado extrovertido de la vida como una forma de sentirse alentados y positivos en sus vidas.

Sinestesia

Un estado conocido como "sinestesia espejo-táctil" parece estar más alineado con el fenómeno de la empatía. La sinestesia es una condición neurológica que combina dos sentidos completamente diferentes en el cerebro. Por ejemplo, si escuchas una pieza musical en particular y comienzas a ver ciertos colores en el ojo de tu mente, se produce sinestesia. La sinestesia de toque de espejo es una variación amplificada de esta condición en la cual las personas pueden sentir las emociones y sensaciones de otras personas en su propio cuerpo.

La forma en que sienten estas sensaciones parece sucederles cuando no están en realidad. Sin embargo, un empático probablemente no conocerá la diferencia, ya que es posible que no sepan lo que realmente está sucediendo. Puede sentirse tan convincente para ellos que realmente creen que algo les está sucediendo directamente afecte sus emociones.

Este fenómeno no solo explica con precisión lo que les sucede a los empáticos durante sus experiencias empáticas, sino que también da una razón clara de por qué suceden estas cosas. Como ya sabes, ser un empático es una experiencia muy real y se está involucrado principalmente en campos electromagnéticos y sinestesia con espejo táctil.

La pregunta ahora es: ¿cómo puedes incorporar la sanidad en tu vida para poder tener más control sobre estas experiencias y dejar de sentirse atrapado en un círculo vicioso del que no puedes escapar?

La respuesta es bastante simple: tienes que comenzar a sanar. Una forma de comenzar la sanación es a través de la curación energética que te ayuda a mantener tus propios campos electromagnéticos limpios y cómodos. También debes concentrarse en vivir tu propia vida y recuperar cualquier control que hayas perdido a través de experiencias traumáticas o dolorosas previas. Puedes tomar el control de tus energías y comenzar a vivir tu mejor vida sanando tu pasado y permitiéndote recuperar el control.

4

PRÁCTICAS DE SANACIÓN
ENERGÉTICA

*L*a sanación energética es una de las prácticas curativas más esenciales que un empático puede aprender. Las prácticas de sanación energética permiten a los empáticos comenzar de inmediato el proceso de curación sin involucrarse en la sanación psicológica pasada, presente o futura. Aunque estos tipos de sanación psicológica siguen siendo beneficiosos y, a menudo, necesarios, puedes comenzar a experimentar un alivio significativo de tus síntomas al participar en prácticas de sanación enérgicas.

Hay dos formas en que puedes optar por las prácticas de sanación energética que te brindan un gran apoyo y beneficios. Uno incluye que un profesional capacitado realice la curación por ti, y el otro incluye trabajar contigo mismo. Idealmente, debes participar en ambos estilos para obtener los máximos beneficios de la sanación. Durante los momentos en que desees practicar un autocuidado adicional, o experimentar un enfoque más directo, un sanador de energía debe ser entrenado por expertos en cualquier modalidad que se sienta adecuada para ti. Saber cómo sanar tu propia energía te permite mantener el control de tu energía y mantener un estado óptimo de salud energética durante los períodos entre sesiones.

Exploraremos las muchas variaciones de sanación energética disponibles en este capítulo y cómo puedes usarlas en tu propia vida. Muchas de estas prácticas de curación de energía las puedes hacer tu mismo, o con el apoyo de un profesional experimentado para que puedas beneficiarte plenamente de tu experiencia de sanación de energía. Si nunca antes has experimentado la sanación de energía, ¡estas prácticas aún pueden usarse para empezar a tomar el control de tu energía ahora mismo!

Acupuntura

La acupuntura es un tipo de curación energética que

los practicantes experimentados deben llevar a cabo de manera muy específica. Se insertan pequeñas agujas en tu piel en diferentes meridianos alrededor del cuerpo con acupuntura. Los meridianos son áreas donde se cree que la energía se acumula y, a veces, está "atrapada" en el cuerpo. Se cree que se puede restablecer el equilibrio dentro del cuerpo insertando suavemente las agujas en estos meridianos. Este método de curación se basa en antiguas prácticas de medicina china diseñadas para ayudar a las personas a liberar el dolor crónico y el dolor emocional y espiritual.

Esta modalidad de energía funciona con el sistema psicosomático para apoyar la curación energética completa en cualquier persona que la experimente. La acupuntura puede ser realizada por un terapeuta profesionalmente capacitado que puede usar la acupuntura para tener en cuenta tus necesidades de curación de energía y promover el flujo de energía en tu cuerpo.

Limpieza del Chakra

Chakra es una palabra Sánscrita para "rueda" o "disco" que se refiere a siete centros de energía en el cuerpo humano. Estos centros de energía se encuentran en la base de la columna vertebral, ligeramente debajo del ombligo, en el plexo solar, en el corazón, en la garganta, ligeramente por encima y entre las cejas y en la coronilla.

Cada persona tiene su propio color, nombre y significado para lo que estos representan en su cuerpo, vida y ser espiritual. Los empáticos que regularmente no limpian activamente su energía tienden a encontrar sus chakras hiperactivos o poco activos. Se cree que el desequilibrio en los chakras produce un equilibrio poco saludable dentro del individuo en cualquier estado, que puede conducir a experiencias de energía negativa o no deseada.

Por ejemplo, un chakra hiperactivo del tercer ojo (el que está ligeramente por encima de las cejas) puede provocar visión excesiva o estimulación mental. Un chakra inactivo del tercer ojo puede hacer que luches por experimentar cualquier visión, tal vez incluso te encuentres incapaz de usar tu imaginación o de participar en un pensamiento creativo. Saber cómo limpiar tus chakras comienza por encontrarlos y sentirlos.

Una excelente manera de hacerlo es acostarse boca arriba, relajarse en un estado meditativo y pasar la mano sobre tu cuerpo aproximadamente seis pulgadas. Comienza pasando por tu chakra de la raíz, y ve si puedes sentir alguna energía proveniente de él. Cuando "leas" cada uno de tus siete chakras, mueve tu mano hacia arriba.

Tener una idea de cómo se sienten tus chakras es una excelente oportunidad para explorar y comprender tus chakras, y cómo te sientes. Puedes comenzar a practicar la limpieza de chakras en cada uno de tus chakras una vez que las hayas localizado. Cada chakra generalmente requiere su propia práctica de equilibrio única si no usas Reiki, que aborda cada chakra en un proceso holístico. Cada chakra se puede equilibrar sobre la base de si tu exploración corporal es hiperactiva o poco activa. A continuación se enumera cada chakra, con su nombre, color, significado y práctica curativa definida:

Chakra de la Raíz (Muladhara)

Ubicada en la base de la columna vertebral, tu chakra es rojo y representa tu conexión con la tierra y la parte inferior del cuerpo (es decir, piernas, rodillas y pies). Al caminar descalzo en la naturaleza, pasar tiempo en la naturaleza, o comer alimentos rojos saludables como tomates, bayas y manzanas, puedes sanar tu chakra de la raíz.

Chakra Sagrado (Swadhisthana)

Ubicado ligeramente debajo del ombligo, este chakra es de color naranja y representa tu creatividad, y tus órganos reproductivos. Puedes sanar tu chakra sagrado nadando, relajándote, o comiendo alimentos anaranjados, como zanahorias, melones, mangos o naranjas.

Chakra del plexo solar (Manipura)

Ubicado sobre el plexo solar, este chakra es de color amarillo y representa tu poder personal y su verdadera esencia. El chakra del plexo solar afecta el sistema digestivo. Tu chakra del plexo solar puede curarse pasando tiempo al sol brillante, disfrutando de un fuego amigo, o comiendo alimentos amarillos como plátanos, piña, cúrcuma o maíz.

Chakra del corazón (Anahata)

Este Chakra se puede encontrar justo encima de tu corazón y es de color verde. Tus emociones están representadas aquí y afecta el sistema cardíaco y todos los órganos relacionados con el flujo sanguíneo. Al respirar aire fresco o pasar tiempo con las ventanas abiertas, puedes sanar tu chakra del corazón. También puedes sanarlo comiendo alimentos ricos en clorofila como el aguacate, el brócoli y todas las verduras de hoja verde.

Chakra de la garganta en la garganta (Vishuddha).

Este chakra es de color azul y representa tu habilidad para hablar con otros de manera amable y clara. Tu garganta, boca y salud bucal se ven afectados. Al cantar, sentarse bajo un cielo azul brillante, o comer alimentos azules como los arándanos, las frutas del dragón o las grosellas, puedes curar tu chakra de la garganta.

Chakra del tercer ojo (Ajna)

Este chakra, que se encuentra entre tus cejas y ligeramente por encima de ellas, es índigo y representa tu capacidad de experimentar el mundo espiritual con visiones, pensamientos imaginativos y "observando". Tu cerebro y tus ojos están afectados. Al sentarte al sol o comer alimentos índigo como uvas y moras, puedes limpiar tu chakra del tercer ojo.

Corona Chakra (Sahasrara)

Ubicado en tu cabeza y ligeramente por encima de la cabeza, este chakra es de color púrpura y representa tu capacidad de permanecer conectado a la fuente.

También afecta tu cerebro, cuerpo y aura de energía. Al conectarse con todos los elementos, incluidos la tierra, el agua, el aire y el fuego, puedes sanar tu chakra de la corona. El chakra de la corona está fuertemente conectado con el espíritu, por lo que no está asociado con fuentes de alimentos en específico.

Curación Cristalina

Los cristales son una excelente manera de ayudarte a experimentar un cuerpo de energía curativo y nutrido. Durante ciertas sesiones, como la meditación, puedes usar la sanación con cristales, o puedes usar la sanación con cristales llevando un cristal contigo durante tus actividades diarias. Los cristales y las gemas pueden ayudar a tu cuerpo, mente y espíritu a sentirte mejor cuando se trata de energía.

Los cristales se pueden usar para eliminar impurezas de tu cuerpo energético, equilibrar energías en el cuerpo, o inspirar y fomentar energías específicas en tu cuerpo. Cuando se trata de un ritual de curación oficial, los cristales a menudo se usan junto con la meditación colocándolos en el cuerpo en una llamada "rejilla de cristal". Esto se hace colocando cristales en tu cuerpo en puntos específicos, dependiendo de dónde se necesita más energía.

Las personas tienen muchas variedades de cristales diferentes disponibles, por lo que la mejor manera de asegurarte de usar los cristales correctos es considerar tus necesidades de energía (es decir, una energía más amorosa) y seleccionar el cristal apropiado para este propósito de sanación (es decir, cuarzo rosa). Luego puedes colocar tus cristales en las áreas de tu cuerpo donde desees enviar o eliminar esta energía en particular.

Por ejemplo, podrías colocar una pieza de amatista sobre tu tercer ojo si quisieras proteger tu tercer ojo. Si deseas una sanación completa con cristales, la mejor manera de garantizar que los cristales correctos se coloquen en las áreas correctas para fomentar tu curación es hacerlo con un sanador profesional de cristales. Tu guía también puede ayudarte a encontrar formas de utilizar la curación con cristales en casa para que puedas practicarlo tu mismo.

Hay formas casi infinitas de lograr esto cuando se usan cristales como una oportunidad para recibir la curación de ellos. Los cristales se pueden portar como prendas como aretes, collares, pulseras e incluso pinzas para el cabello.

Algunas personas también usan cristales de bolsillo, que son pequeñas piedras planas que pueden llevarse en tu bolsillo, y puedes frotarlas todo el día entre tus dedos. Al final, depende de lo que estés buscando en tu curación para elegir los cristales correctos para tus prácticas de curación. Hay cristales para prácticamente cualquier propósito, por lo que la mejor manera de determinar qué cristales necesitas es ir a una tienda metafísica y pedirle al encargado de la tienda que te ayude a encontrar los cristales correctos. Si estás buscando cristales específicamente asociados con la sanación empática, debes considerar incluir siete grandes piedras en tu colección.

Turmalina Negra

La turmalina negra es una piedra excelente para proteger tus energías y evitar que entren energías no deseadas en tu cuerpo áurico. Si mantienes una pieza contigo, cualquier energía que intente hacerte daño será expulsada por la energía de la turmalina negra. Lo mejor es usar turmalina negra como colgante o en el bolsillo.

Lepidolita

La lepidolita es una gran piedra curativa en el área

de la ansiedad empática. Puedes reducir la ansiedad sobre las energías que sientes y experimentas con la lepidolita para poder abordar la vida de manera más deliberada, y con una energía más tranquila. La mejor manera de usar lepidolita es meditarlo o usarlo como colgante en el chakra del corazón, o el chakra del tercer ojo.

Obsidiana Negra

La obsidiana negra es otra piedra excelente para protegerte contra la energía no deseada. Una excelente manera de obtener los beneficios de la obsidiana negra es llevando una pieza contigo, o mantenerla en tu entorno. Puede ser bastante afilada, por lo que es mejor no usar o llevar esta piedra en el bolsillo. Si quieres usarla durante la práctica de meditación, también puedes meditar cerca de tu chakra de la raíz.

Malaquita

La malaquita es una piedra increíble para que tu cuerpo energético lidie con las emociones y libere bloqueos emocionales y energéticos. La malaquita es excelente para cualquier persona que se encuentre regularmente ante situaciones estresantes y debe protegerse de estos factores estresantes. La malaquita se usa mejor como colgante o meditada, ya que descansa sobre el chakra del corazón.

Hematita

La hematita es conocida por quienes la usan por muchos beneficios curativos. La hematita es una piedra excelente para los empáticos que te ayuda a mantenerte conectado a tierra y a evitar las energías dañinas que pueden intentar acceder a la energía de tu cuerpo. Puedes usar hematita para evitar que las personas, como los vampiros enérgicos, absorban tu energía. Cuando meditas, la hematita se almacena mejor en tu bolsillo, o se coloca cerca de tu chakra de la raíz.

Amatista

La amatista es un cristal increíble conocido por sus propiedades espiritualmente protectoras. La amatista puede protegerte de sentirte abrumado por las energías de tu entorno inmediato cuando se usa en la sanación. También puede ayudar a crear una sensación de calma cuando ingresas a entornos más activos, o entornos con energías más fuertes, o más desafiantes. La amatista es excelente para que los empáticos decidan qué energías les pertenecen a ellos y a otra persona. Puedes usar la amatista en la meditación sobre tu tercer ojo, o al salir y uses casi cualquier tipo de joyería.

TLE

TLE, o las técnicas de libertad emocional, es una práctica energética curativa que un practicante de TLE puede practicar en sí mismo. La práctica completa se basa en tocar tu cuerpo con meridianos energéticos específicos, y repetir afirmaciones positivas.

La idea es que pierdas energía mientras la reemplazas con más energía positiva que realmente te ayuda a vivir una vida positiva y productiva. El TLE puede ser practicado fácilmente por ti mismo en cualquier momento, una vez que hayas aprendido cómo hacerlo. Sin embargo, debes utilizar meridianos específicos y patrones de *tapping* (golpecitos) para obtener el máximo valor de TLE. Por esta razón, aprender a hacerlo por ti mismo es la mejor manera de aprender a usar TLE para tu beneficio curativo.

Reiki

Originalmente un caballero llamado Mikao Usui fundó Reiki. Cuando las personas participan en la sanación de Reiki, su practicante puede canalizar la energía vital universal hacia ellas como una forma de integrar la mente, el cuerpo y el espíritu y alentar la sanación natural. Por lo tanto, el practicante de Reiki no es realmente responsable de la curación, sino que alienta al universo a brindar beneficios curativos a esa persona en particular.

Cuando se practica Reiki, alguien quien ha sido sintonizado por un instructor de Reiki a la energía de Reiki, lo está practicando. Esta sintonía se considera una iniciación necesaria para alinear al practicante con la energía espiritual, para que puedan comenzar su travesía para sanar a otros enérgicamente. Un practicante sintonizado puede practicar Reiki en sí mismo, o en cualquier otra persona que consienta.

Esto significa que si quisieras, podrías sanar con el Reiki como una forma de comenzar a curarte a través de la energía Reiki. Si no deseas estar sintonizado en la curación de Reiki, aún puedes recibir sanación de los practicantes de Reiki. Muchos de estos practicantes realizan Reiki cara a cara, o mediante sesiones remotas que se pueden completar prácticamente en cualquier parte del mundo.

La razón de esto es que los practicantes de Reiki solo tienen que ser capaces de adaptarse a tu energía para dirigir la energía curativa universal a tu energía. Dado que la verdadera sanidad proviene del Espíritu, solo necesitas estar conectado a una fuente que es un don innato.

Sanación Cuántica

La sanación cuántico es similar a Reiki porque usa la energía de la fuerza vital para llevar a cabo la práctica de curación, y apoyar la sanidad en la mente, el cuerpo y el espíritu de la persona receptora. Aunque otras curaciones tienden a basarse en el conocimiento espiritual y la confianza, la ciencia de la mecánica cuántica apoya la curación cuántica.

Este método de curación considera cómo la energía cuántica afecta el cuerpo, y cómo la energía puede concentrarse, amplificarse y dirigirse para fomentar ciertos beneficios curativos. Aquellos que han recibido sanidad cuántica afirman que los beneficios de curación física a mental y espiritual traen muchos resultados increíbles. La curación cuántica a menudo incluye una práctica de respiración específica que apoya el acceso del cuerpo a la energía de la fuerza vital, y alienta experiencias de sanidad mayores.

Qigong

Qigong significa "esfuerzo vital de la fuerza vital". Al igual que el Reiki y la sanación cuántica, funciona junto con la energía de la fuerza vital para fomentar la curación energética en el cuerpo físico. Sin embargo, el Qigong utiliza técnicas de respiración y prácticas de meditación para estimular la práctica de la sanación, y fomentar la curación energética en el cuerpo.

Qigong es un método de autocuración enseñado y luego practicado personalmente por personas capacitadas en Qigong. No es necesario estar capacitado para practicar el Qigong, aunque es una buena idea contar con un profesional capacitado que te muestre cómo facilitar la autocuración para asegurarte de utilizar el método correctamente.

Los practicantes de Qigong a veces practican lo que se conoce como "emisión de Qi", un estilo de Qigong que ayuda al practicante a sanar su cuerpo y energía. Se cree que estas prácticas son igual de efectivas, aunque es necesario estar cerca de un profesional para obtener acceso a estas prácticas curativas. Si deseas utilizar el Qigong como un método de curación energética para ayudarte a prosperar como empático en la vida, aprender a participar en el método de autocuración es la mejor manera de asegurarte de obtener el mayor beneficio del Qigong.

Yoga

El yoga es una práctica de ejercicio físico con profundas raíces espirituales. El yoga es una práctica utilizada para involucrar al cuerpo físico en diferentes posiciones para estimular el flujo de energía, y para apoyar a las personas en sanación a un nivel energético o físico. Si participas regularmente en yoga, te aseguras de que la energía fluya a través de ti con éxito, ya que también obtienes los beneficios meditativos que fomentan el flujo de energía y la fuerza vital.

Probablemente ya estés familiarizado con el yoga, y cómo las personas pueden acceder a este método de sanación. Puedes participar fácilmente en el yoga uniéndote a una clase local, o siguiendo uno de los muchos videos del Internet. Te permites mantener despejado tu cuerpo energético, y mantener un control más pacífico sobre la energía que fluye dentro y fuera de tu cuerpo áurico al participar en una práctica regular de yoga.

Existen muchos tipos diferentes de yoga para que puedas aprovechar el tiempo estudiando cada tipo de yoga, y considerar cuál puede ser más beneficioso para ti en base a tus necesidades energéticas únicas. Si lo deseas, ciertamente puedes mezclar estilos, pero la mayoría de las formas están diseñadas con un estilo particular de enseñanza. En otras palabras, las prácticas energéticas y las experiencias meditativas que se enseñan en cada estilo de yoga varían según el origen.

Quizá encuentres información superpuesta en cada formulario, pero la forma en que se enseña, y los métodos utilizados para lograr los resultados deseados, varían de un estilo a otro.

- Yoga Hatha
- Yoga Iyengar
- Yoga Kundalini
- Yoga Ashtanga
- Yoga Vinyasa
- Yoga Bikram
- Yoga Yin
- Yoga Prenatal
- Yoga Jivamukti

Cada uno de estos estilos se enfoca en la sanación espiritual de una manera que sea comprensible y accesible para los yoguis principiantes. Ninguna de estas prácticas requiere necesariamente que te coloques de una manera que pueda ser un desafío para alguien nuevo en el yoga. Esto hace que sea fácil comenzar con un apoyo increíble para mantener el equilibrio de energía, y sentirte seguro como empático.

5

APRENDIENDO A CONTROLAR TU ENERGÍA

Aprender a manejar tu energía es la primera fase de aprender a sanar tu energía. Aprender a controlar tu energía como empático te da la capacidad de tener una mayor voz en lo que tu campo de energía ingresa, y cómo te afecta. Esta es tu oportunidad de superar los sentimientos de impotencia y la merced de otras energías para que puedas sentir más control y empoderamiento en tu vida. Además de ayudarte a sentir una mayor sensación de empoderamiento, el aprender a controlar tus energías te ayudará a reconocer algo en tu cuerpo energético rápidamente.

En el momento en que tus energías comienzan a sentirse abrumadas, puedes evitar que se acumulen y causen problemas al planificar una sesión de sanación energética. En última instancia, controlar tus energías requiere tres pasos:

1. Identificando tus energías
2. Identificando las energías de otras personas.
3. Estableciendo límites de energía para que nadie más pueda interrumpir tu campo de energía.

En este capítulo, exploraremos cómo puedes empezar a hacer esto en tu vida para que puedas obtener control personal, y sentirse más seguro al ingresar al mundo que te rodea. Una de las principales razones por las cuales los empáticos se sienten vulnerables y abrumados, es porque luchan por reconocer sus propias energías, aparte de las energías de los demás.

Como resultado, terminan sintiendo que todo proviene de ellos y obtienen una gran sensación de agobiamiento por la dificultad de identificar por qué o cómo sucede. Cuando un empático se da cuenta de que muchas de estas energías no son propias, puede haber una gran sensación de alivio. A esta gran sensación de alivio puede seguirle un sentido de frustración ante la falta de conocimiento sobre cómo evitar que la energía se acumule y sobrecargue tu campo de energía.

Si alguna vez te has sentido frustrado y abrumado por las energías de los demás, aún no has aprendido a discernir la diferencia entre tus propias energías y las de los demás. Este es el primer paso para aprender a controlar tus energías para que puedas evitar ser "secuestrado" por la experiencia energética, y el sentimiento de alguien más atrapado a merced de quienes te rodean. Cuando aprendes a identificar tus propias energías, se vuelve más fácil identificar la energía de los demás a tu alrededor.

Esto puede llevar algo de tiempo y práctica, pero cuanto más practiques, más fácil será para ti reconocer tus energías en comparación con los demás.

La mejor manera de comenzar es:

Identifica tus propias energías

Si tienes un sentido más fuerte de quién eres y cómo se siente tu energía personal, es más fácil para ti identificar qué energías no son tuyas. Por supuesto, tu propio campo de energía cambiará de acuerdo con tus estados de ánimo y experiencias, por lo que tu campo de energía no siempre se sentirá igual.

Por esta razón, debes invertir un tiempo serio en conocer tu propia energía personal para poder desarrollar un sentido fuerte de cómo se siente tu energía en diferentes circunstancias. Es tan simple identificar tu propia energía como desacelerar y sintonizarse con tu ser interior. Es una excelente manera de identificar tus energías para pasar algún tiempo en meditación para identificar qué energía resuena más contigo. La mayoría de la gente reporta que en algún lugar alrededor de su chakra del plexo solar, o el núcleo de su ser físico, sienten su energía personal. Se cree que de aquí proviene nuestro poder personal, por lo que tiene sentido que muchas personas sientan su energía personal.

Sin embargo, puedes sentir el tuyo de manera diferente, así que asegúrate de sintonizar y considerar lo que resuena contigo. Si es tu energía, una excelente manera de saberlo es analizar el sentimiento que sientes cuando alguien dice su nombre. Esto generalmente causa una sensación en tu cuerpo que te lleva a escuchar quién te está hablando. El mismo sentimiento familiar es el tipo que se siente cuando identificas con éxito tu energía personal. También es una buena idea hacer pequeños chequeos de meditación durante el día cuando experimentas diferentes emociones o energías. Esto te da una idea de cómo se siente tu cuerpo cuando experimentas diferentes cosas como ira, miedo, alegría, gratitud o un exceso de energía. Al principio, puede parecer un desafío descubrir qué energías conoces o sientes porque, en este sentido, pudiste haber pasado tanto tiempo separándote de ellas.

A medida que continúas revisando y reconociendo cómo se siente tu propia energía, esta sensación de familiaridad continúa creciendo para ti, y fortalece tu capacidad para identificar tus propias energías. De esta manera, puedes generar confianza en ti mismo, y en tu cuerpo energético mientras te diferencias de los demás. Este proceso solo es un gran paso hacia la dirección correcta para un empático.

Identificando las energías de otras personas

Una vez que hayas identificado con éxito tus propias energías, debes comenzar a identificar cómo se siente cuando la energía de otra persona penetra en tu cuerpo.

Cuando aprendes a identificar las energías de otras personas, es aún más fácil para ti trazar la barrera entre ti y los demás de una manera que te permita reconocer su propia energía y la tuya. Probablemente has reconocido las energías de otras personas hasta cierto punto, incluso si no te das cuenta completamente. Apuesto a que puedes pensar en una persona, por ejemplo, que te hace sentir "apagado" apenas entra en la habitación. Tal vez su energía es bastante tóxica, por lo que cada vez que están a tu alrededor, es como si pudieras sentir la energía en tu propio espacio de inmediato. Incluso puedes sentir un mayor estado de miedo o abruma, probablemente reflejando la conducta tóxica del dolor interno de la persona.

Del mismo modo, podrías pensar en alguien que tiene una energía hermosa y siempre te hace sentir tan cómodo y bienvenido en su espacio. Es posible que incluso anheles su presencia porque te ayuda a sentirte tan relajado y cómodo en tu propia vida. Aunque no la energía de todos tendrá un impacto tan obvio y profundo, puedes sentir la energía de todos, lo quieras o no. Hasta no tomar el control de tu propia energía.

Aprender a reconocer la diferencia entre tu energía y la de otra persona te facilitará establecer este límite y mantener la empatía sin asumir la experiencia de la otra persona física, mental, emocional o espiritual-mente como si fuera la tuya. El primer paso es saber cómo identificar tu propia energía, ya que esto te ayuda a reconocer tu propia energía de inmediato. Luego debes proceder y empezar a identificar todo lo que no es tuyo, ya que esto te dirá claramente qué energías sientes que pertenecen a otra persona.

El mejor momento para practicar esto es cuando empiezas a sentirte abrumado en un entorno público. Estos son a menudo los tipos de entornos en los que las barreras entre tu energía y las energías de otras personas pueden difuminarse, ya que aún no has establecido límites de energía saludables.

Cuando comienzas a sentir este sentimiento abrumador, debes actuar identificando de dónde viene la abruma. Puedes hacer esto revisando los mismos chequeos de autoconciencia que usabas para identificar tu propia energía. Primero, necesitas identificar tu propia energía y desarrollar un sentido de familiaridad que te ayudará a mantenerte firme en tu propio espacio. Luego debes identificar todo lo que no sea tu propia energía, ya que obviamente será energía que pertenece a otra persona. Dedica un par de minutos a visualizar la barrera entre tu energía y la energía de los demás, para poder sentirte seguro de que los dos difieren. Esto te ayudará a sentir un sentido más fuerte de ti mismo que te dará el valor y confianza que necesitas para controlar tu propio campo de energía. Puedes actuar de dos maneras una vez que hayas identificado la barrera entre ti y los demás.

Primero, puedes actuar solicitando que cualquier energía que no sea tuya sea inherentemente eliminada de tu campo de energía para que puedas reanudar tu propio estado de energía natural. Esto asegurará que todas las energías que han penetrado tus fronteras se eliminen de tu campo para fomentar un sentido de confianza y calma en tu propia energía.

Lo segundo que debes hacer es fijar límites energéticos. Estos límites de energía asegurarán que la energía de otras personas no penetre en tu campo de energía regularmente. Esto no significa que no sentirás y reconocerás su energía, pero no significa que pueda crear una sensación de ser atacado por la energía de otras personas.

Crear límites de energía es una forma saludable y poderosa de protegerte de las energías de otras personas sin cerrarte por completo de quienes te rodean. Al utilizar los límites de energía, te aseguras de que el intercambio energético entre ti y otra persona no exceda lo que para ti se siente cómodo y razonable. Por ejemplo, si estás en presencia de alguien con energía tóxica, tu límite de energía insistiría en que su energía tóxica no penetre en tu campo de energía. Como resultado, aún podrías ver sus energías tóxicas, pero no sentirán como si te estuvieran atacando personalmente o ingresando a tu espacio personal sagrado. Esto puede ayudarte a superar la experiencia de asumir las energías y emociones de otras personas como si fueran propias.

De la misma manera que creas límites físicos o personales, puedes generar límites de energía. Comienza por identificar dónde está la frontera y cuál debería ser. Por ejemplo, si te sientes abrumado por la energía negativa, puedes establecer el límite de que la energía negativa de otras personas ya no puede ser tu energía negativa. Establecer el límite es tan simple como declararlo y tomar conciencia de ese límite, la parte más difícil es tu necesidad de mantener ese límite. Para apoyar el límite y afirmarlo según sea necesario, debes afirmarlo verbalmente o enérgicamente a los demás, así como mantenerlo contigo mismo. Cuando se trata de llevar energía negativa a tu espacio hacia otras personas, puedes abordar la situación de la manera que crees que será más efectiva.

Si la persona se comporta de manera tóxica, puede

ser más útil abordar la situación y verbalizar tu frontera. Si desconocen su toxicidad o parecen comportarse razonablemente amables, pero su energía sigue siendo tóxica, puede ser más apropiado establecer un límite energético. Lo que esto significa es que te afirmas a ti mismo y a tu campo de energía que no se aceptarán energías tóxicas en tu espacio, y luego mantienes esta afirmación al no permitir que tal energía te impacte más. También es esencial atenerse a los límites. Muchas personas creen que los únicos límites que deben establecerse son aquellos entre ellos y los demás, pero este no es el caso. Si estableces un límite, sepáralo para ti o para los demás. Afirmas que este límite no importa y que la energía puede filtrarse libremente, ya que no lo evitarás.

Esto significa que si afirmas que no deseas energía tóxica en tu espacio, no puedes volverte tóxico para los demás, o para ti mismo. Debes trabajar para establecer los límites, y eliminar todos los comportamientos, pensamientos y palabras tóxicas de tu vida al interactuar contigo mismo o con cualquier otra persona. Tus límites se mantienen saludables y puede seguir creciendo.

Por qué necesitas dejar de protegerte

Muchos recursos empáticos abogan por los beneficios de protegerse, y en cierta medida tienen razón. Sin embargo, mantener un escudo constante sobre ti mismo es ineficaz y contradictorio con lo que tú, como empático sanador, estás tratando de lograr. Si colocas un escudo entre ti y los que te rodean, intentarás asegurarte de que toda la energía permanezca completamente fuera, y que tu propia energía permanezca completamente en ella. Esto significa que no experimentas cosas positivas y agradables de una manera muy agradable, ya que tratas de mantener todo alejado. También significa que tienes problemas para interactuar con tu propio entorno y disfrutarlo. Además, sostener este escudo puede ser agotador, y puede ser una de las varias razones por las cuales los empáticos a menudo quieren vivir una vida completamente introvertida.

Otra desventaja de los escudos es que cada vez que se involucra con tu entorno, produce una "fuga" energética en el escudo, lo que significa que cualquier energía puede entrar o salir del escudo libremente, pues ahora hay espacio donde el escudo no se mantiene. Para cualquier empático, esta puede ser una experiencia muy abrumadora y frustrante, especialmente alguien que solo puede entender sus propios dones.

Si alguna vez te has tratado de sostener un escudo, pero te sientes agotado, o luchando para que "funcione", es porque en muchos casos no funcionan. Los escudos son excelentes para los momentos en que no deseas que la energía entre o salga en un ambiente particularmente tóxico. Sin embargo, el escudo no será suficiente para tu salida promedio o experiencia social. La creación de límites energéticos como describí anteriormente es la mejor manera para que un empático se involucre en un entorno social sin sentir los efectos intensamente adversos de las energías que lo rodean.

A través de estas barreras, los empáticos pueden sentirse protegidos y separados de los demás, y sentir que realmente pueden disfrutar y participar en el entorno que los rodea. Los límites son la herramienta más poderosa que puedes usar como empático porque proporcionan toda la protección que deseas de tu escudo sin fugas de energía ni agotamiento.

6

DISEÑANDO TU SUEÑO SANADOR

*P*ara que puedas empezar a experimentar un alivio inmediato de tu empatía, es esencial crear un sueño curativo, aprender a controlar tus energías, y participar en la curación energética. Sin embargo, si deseas emprender la curación empática, debes comenzar a centrarte en cómo puedes crear un objetivo de sanación a largo plazo que te permita prosperar en tu vida. La mejor manera de hacerlo es construir un sueño y aprender a integrarlo en su vida real. En este capítulo, exploraremos cómo puedes desarrollar tu sueño de sanación para que la sanidad y la prosperidad puedan incorporarse verdaderamente a tu vida.

Esta es una práctica esencial para cualquier persona que quiera experimentar una sanación a largo plazo, así que asegúrate de involucrarte en esta práctica por algún tiempo. ¡Debido a que eres empático, es probable que tu mundo interior, ya muy animado, se divierta mucho al participar y utilizar esta práctica como forma de crear una experiencia curativa para ti!

La importancia de un sueño curativo

Los empáticos que aún no han abrazado por completo el camino de la sanación y hacia la vida como empáticos seguros y prósperos, aún pueden sentir que están condenados a una vida de experiencias agobiantes, y luchan para protegerse. Esta puede ser una perspectiva agotadora y triste que puede hacer que todos, especialmente alguien que sea sensible y sienta las cosas tan profundamente, esperen una vida agradable, desafiante. Crear un sueño curativo para ti te da la oportunidad de soñar con una vida que te encantaría vivir, independientemente de lo que sienta tu "yo" empático en este momento.

Si sueñas con ser extrovertido y comprometido con el mundo que te rodea, es esencial incorporar esto a tu sueño. Si sueñas con viajar solo y quedarte solo, también es necesario incluir esto. El verdadero objetivo de su sueño es identificar tus verdaderos deseos más íntimos, y darte la esperanza de que puedan convertirse en una experiencia real para ti. Los empáticos a menudo aprenden a vivir toda su vida alrededor de sus dones, a veces incluso renunciando a partes de su ser auténtico para evitar sentirse abrumados y agotados.

Quieres que tu sueño te ayude a aprender a vivir tu vida y ser empático en la vida. La gran diferencia aquí es que una persona permite que su don gobierne su vida en la experiencia anterior, y en la última experiencia esa persona toma el control y gobierna su propia vida. Tu sueño es crear una imagen real de ti mismo, viviendo tu mejor vida para que puedas hacer de esta visión tu objetivo. Esta es tu visión a la que te aferrarás, para que puedas comenzar a sanar y superar los problemas que te han retenido hasta ahora. Siempre que tengas dificultades para avanzar o recuperarte, dicha visión te ayudará a descubrir los próximos pasos que deben tomarse para que puedas evolucionar de una manera que incluya la sanación de tus miedos y recuperar el control.

Cómo diseñar tu sueño sanador

Crear tu sueño sanador es tan fácil como sentarte con tus sueños y soñar con lo que quieres que suceda en tu vida. Sin embargo, debido a que deseas que este sueño sea algo consistente, y eventualmente se haga realidad, es vital que tomes algunos pasos adicionales para ayudarte a hacer realidad dicho sueño.

Estos pasos incluyen: ser muy específico, escribir tu sueño para que puedas volver a visitarlo con la frecuencia que desees, y publicar el resultado para que aún puedas sentirse realizado por lo que has manifestado si tu sueño se realiza de una manera diferente a como lo esperabas.

Aclarando tu visión

Si aclaras tu visión, puedes verla y entusiasmarte. Esto también te brinda algo claro y específico para trabajar, que es una parte esencial para hacer de un sueño una meta. Cuando sueñas sin ser especifico, muchas variables te dejan espacio para que persigas lo que quieres, o para saber si estás progresando. Para aclarar tu sueño, debes pasar un tiempo pensando en quién, cuándo, dónde, por qué y cómo. Intenta hacer que tu visión sea lo más real posible cuando la aclares. Ve si puedes hacer que tu sueño sea tan claro que casi se sienta como un recuerdo de algo que ya sucedió, en lugar de un sueño.

Esto ayudará a tu mente a ver que honestamente vivas tu vida de esta manera, lo que te ayudará a manifestar la vida de tus sueños. Cuando tu mente realmente pueda ver y sentir cuán exitosa tu vida se ve, te prepara mentalmente para los cambios que realizas y los desafíos que enfrentas en el camino. Esta es una forma poderosa de garantizar el éxito. Además de soñar tu visión, escribirla también puede ser útil. Escribir la visión en tu diario o en una hoja de papel, y mantenerla cerca, es una excelente manera de revisar la visión regularmente.

También lo hace sentir mucho más real como si estuvieras escribiendo un objetivo en lugar de solo un sueño. Esto te ayuda a alquimizar la energía de tus sueño, al pasar de la energía del anhelo a la energía de la creación. El acto mismo de escribir tu visión también te da la oportunidad de validarte a ti mismo y a los deseos de tu vida.

Muchas personas crean sueños, pero luego los rodean de creencias con ideas negativas que, debido a varias razones o excusas que crean para sí mismas, no pueden llevar tales sueños a su realidad.

Escribir tu sueño te permite aprobarte a ti mismo, y validar tus deseos para que puedas comenzar a construir un sentido de confianza en tu sueño. Esto te ayudará a cambiar tu esperanza por fe, por lo que pasarás de esperar a que sea verdad, a tener fe. La publicación del resultado puede parecer contradictorio, pero también es importante publicar el resultado de tu sueño. Esto se debe a que lo queremos en la vida a menudo aparece de maneras que no podríamos haberlo esperado. Tus sueños sanarán y evolucionarán a medida que sanas y creces.

Esto significa que cualquier sueño que hayas tenido que haya sido producto de los deseos de otra persona se liberará lentamente de tu psique y será reemplazado por tus sueños y deseos reales. También significa que a medida que evolucionas, podrías estar expuesto a nueva información que te llame en una dirección diferente a la que soñaste. Permitirte publicar el resultado asegura que permanecerá suscrito a un sueño que realmente te sirva a ti y a tus deseos. Un intento de auto curarte obligándote a ti mismo a estar apegado a un sueño que hayas tenido en el pasado solo te retendrá, pues tal sueño viejo no te ayudará en ese momento a sentirte mejor. Estate preparado para publicar el resultado, y permitir que el sueño refleje lo que sinceramente quieres en tu vida.

Entonces vivirás la mejor vida posible. Además de darte fe y dirección, usar de manera efectiva tu sueño de curación, tu sueño te da la oportunidad de comenzar a dar pasos prácticos hacia la vida que deseas vivir. Puedes usar tu sueño para empezar a hacer el siguiente mejor movimiento, para ayudar a sentirte como quisieras sentirte, y para animarte a mantenerte en el camino en todo momento.

Tu sueño es una guía poderosa que puede brindarte todo lo que necesitas para avanzar y vivir tu mejor vida cuando se usa correctamente. Cuando se trata de usar tu sueño practicamente, trata de usarlo como una brújula hacia tu vida, y las elecciones que hagas. Mira tu sueño y consúltalo cuando tengas dificultades en tu vida para tomar medidas, cambiar o tomar una decisión. Si te sientes atrapado, ora para que tu sueño te guie hacia el siguiente paso, para que puedas seguir logrando lo que quieres en la vida.

Si te sientes dudoso en tu sueño o en ti mismo, pasa un tiempo visualizando tus deseos y potenciando tu visión, y llenándote de fe y dirección. Para mantener tu sueño práctico, asegúrate de pasar tiempo activamente permitiendo que evolucione. Siempre que notes que tu sueño no resuena completamente contigo, pasa un tiempo considerando qué aspectos de tu sueño no resuenan. Esto te ayudará a mantener tu sueño "actualizado", para no quedar atrapado en un viejo sueño.

LA SANACIÓN DE SU PASADO

*L*os empáticos a menudo se ven afectados por sus experiencias pasadas, lo que puede llevar a un enfoque continuo negativo en la vida cotidiana. Por ejemplo: un empático que ha experimentado una relación narcisista traumática puede sentirse extremadamente codependiente, y tener dificultades para vivir una vida "normal", debido al daño de otra persona. Esto es cierto para cualquiera que haya experimentado un trauma, pero puede ser especialmente desafiante o perjudicial para los empáticos que tienden a internalizar las cosas y sentir el trauma de una manera que otros no pueden.

Quizá hayas experimentado muchos traumas más grandes y más pequeños en tu propia vida que te han hecho sentir que necesitas sanidad. Como empático, quizá hayas estado expuesto a experiencias o eventos más traumáticos que otras personas. Esto se debe a que la internalización de la energía y las emociones puede ser traumática, lo que lleva a experiencias que pueden ser "normales" para los empáticos. También se debe a que otras personas tienden a reconocer que los empáticos son vulnerables y se aprovechan de la empatía, ya sea consciente o inconscientemente. Como empático, eres más susceptible a experiencias adversas como los narcisistas y vampiros energéticos.

Sanar sus experiencias pasadas te permitirá terminar el ciclo donde otros toman tu control, y te dará la oportunidad de retomar el control de ti mismo. Cuando combinas la sanación de tu pasado con el proceso de tomar el control de tu propia energía, creas una persona poderosa. Tu capacidad de sentirte seguro y fuerte en ti mismo, y de sentirte tierno y compasivo con los demás de una manera que no te dañe a ti mismo, es una mezcla que te permite sanar a las masas sin agotar tu energía mientras lo haces.

Identifica tus lecciones de vida

Al identificar tus lecciones de vida, puedes mejorar significativamente tu experiencia de sanación. Las lecciones de vida son lecciones que se arraigan temprano en nuestra infancia, y aparecen a través de patrones que experimentamos en nuestras vidas una y otra vez. Cada persona tiene sus propias lecciones de vida únicas que aprender, aunque tus lecciones de vida pueden superponerse con las experiencias de otros.

Identificar tus lecciones de vida te ayudará a aprender e integrar estas lecciones en tu vida para que puedas empezar a vivir con un enfoque más saludable y controlado de la vida. También te ayudará a entender por qué ciertos tipos de energía pueden afectarte más que otros, haciendo que tus dones empáticos se sientan abrumados al exponerte. Cada vez que experimentas la energía de alguien que desencadena tu lección de vida, deja un impacto duradero mucho mayor que cualquiera de las otras energías que experimentas. Estas energías que no se manejan, pueden ser extremadamente agobiantes y frustrantes.

La forma más fácil de identificar cuáles podrían ser las lecciones de tu vida es mirar hacia atrás a lo largo de tu vida de experiencias, y considerar qué patrones ves en tus experiencias traumáticas o desafiantes. Identificar los patrones que experimentas en tu vida te ayudará a descubrir lo que quizá tengas que aprender. Es importante entender que se necesita más tiempo y conciencia de uno mismo para comprender lo que es esta lección, ya que estas lecciones a menudo están enterradas en nuestra mente subconsciente, hasta que las abordemos, evaluemos, e integremos. Una vez que tengas una comprensión general de cuáles son estos patrones, tómalos por lo que valen, y considera sus lecciones. Por ejemplo, si has estado constantemente rodeado de narcisistas en el pasado, tu experiencia podría ser aprender a detectar y protegerte contra los narcisistas.

Esta es una gran oportunidad para comenzar a integrar tus lecciones de vida y superar estos desafíos para que puedas tomar el control de tu vida una vez más. Sin embargo, debes continuar viendo este detonante o lección, para ver cuán específico puedes ser, dándote cuenta de que las lecciones de vida no siempre son obvias. Házte preguntas como: "¿Cómo atraigo a los narcisistas?" ¿Cómo puedo luchar para protegerme de esto? "o" ¿por qué soy vulnerable en esta situación?" Puedes aprender más de tus circunstancias únicas. Puedes encontrar que la lección subyacente es que necesitas ser más compasivo contigo mismo y tus propias necesidades, o que debes dejar de intentar superponerte y de "salvar" las vidas de otros.

Identificar estas lecciones de la vida y llegar a la raíz de lo que son, por qué están allí y cómo se puede aprender de ellas, te ayudarán a sentir un mayor sentido de control en tu vida. En lugar de sentirte profundamente detonado por algo sin saber completamente por qué, o sentirte atormentado por algún tipo de energía específica en tu vida, puedes comenzar a tomar el control e integrar esta lección para que estos detonantes o energías ya no te molesten. Como empático, este tipo de autoconciencia y control personal cambia tu vida al permitirte dejar de sentirte tan abrumado ante las energías que te rodean. Sanar tu pasado y comprender tus experiencias son excelentes maneras de experimentar la confianza en uno mismo y una vida mejor.

¿Cómo puedes sanar tu pasado?

Tus lecciones de vida han estado profundamente arraigadas en tu pasado, y quizá hayan tenido un fuerte impacto en tu vida. Para algunos empáticos, sus lecciones de vida pueden cambiar completamente su personalidad, hasta poder integrarse y aprender de las lecciones. Un empático que ha sido extrovertido de niño, por ejemplo, pero que ha soportado muchas lecciones que hacen eco del mismo propósito, puede sentirse abrumado y ansioso, llevándolo a vivir la vida como un introvertido para evitar el dolor.

Es imperativo sanar tu pasado, ya que te ayudará a acceder a tu verdadero yo para dejar de vivir como víctima de tu pasado, y aceptar tus dones. Tu pasado puede ser sanado de muchas maneras, aunque por lo general se necesita de una sana combinación de enfoques para garantizar que estés totalmente sanado. También puede tomar tiempo sumergirse en experiencias anteriores de trauma, incomodidad, dolor y sufrimiento como una forma de aliviar este dolor y seguir adelante. Junto con alguien que pueda ofrecerte apoyo compasivo sin interrumpir tu proceso de sanación, esto suele ser lo mejor.

Idealmente, debería ser un terapeuta que pueda ayudarte con prácticas, como la terapia de conversación, aunque en muchos casos un amigo de confianza también funcionaría bien. He enumerado cinco prácticas a continuación que puedes empezar para liberar y sanarte de tales daños del pasado. Toma la decisión de dejarlo ir. Antes de sanar algo, debes tomar la decisión de dejarlo ir. Entrar en la mentalidad de dejar ir las cosas te permite abandonar el apego al dolor, para que puedas seguir adelante.

A menudo queremos soltar algo del pasado, pero no podemos, o no queremos que ese deseo sea una decisión para lograrlo. Lo que sucede es que, incluso si queremos seguir adelante, seguimos con el dolor, y seguimos viéndonos como víctimas de las experiencias que hemos tenido. Al final, somos la única persona que continúa sufriendo. Para tomar la decisión, solo tienes que aceptar que está listo para soltar la experiencia.

Esto no significa que la experiencia se reduzca, invalide o considere "OK" de ninguna manera, sino que estés dispuesto a aceptarla por lo que es, y seguir adelante sabiendo que no se puede cambiar. Encuentras la oportunidad de empezar una verdadera sanidad en ti y en tu vida con esta aceptación y disposición. Expresa tu dolor. Ahora que has decidido dejar el dolor, debes tratar de expresarlo. Si intentas dejar ir algo sin expresar el dolor que has sentido, te encontrarás luchando por dejarlo pasar, porque todavía hay muchas emociones reprimidas.

Permitirte sentir el dolor y expresarlo productivamente te ayuda a sacar la energía de ti mismo para continuar tu camino hacia la sanidad. Este es tu paso esencial como empático para asegurarse de ya no aferrarte a tantas energías abrumadoras diversas en tu cuerpo de energía. Te das la oportunidad de comenzar desde cero al liberar estas energías. Ya no te sentirás abrumado tan rápido y fácilmente, porque no intentarás tomar más energías, además de todas aquellas a las que ya te aferras. Tienes que asumir la responsabilidad de tu experiencia al elegir soltar algo.

Esto significa que ya no eliges permanecer con una mentalidad de víctima, donde culpas a la otra persona por asumir la responsabilidad de tu vida y experiencia. Esto no significa que te responsabilizas de las malas acciones de otra persona, o de tus propias consecuencias. En cambio, significa que eliges asumir la responsabilidad del proceso de curación, y dejar ir lo que has hecho. Este mismo proceso de asumir la responsabilidad te saca de la mentalidad de víctima, y te ayuda a tomar el control de tu vida.

Los empáticos tienen una fuerte tendencia a vivir

como víctimas, cuando todavía tienen que tomar el control de sí mismos y de su energía, lo que a menudo lleva a creer que los dones empáticos son una maldición. Esto se debe a que no sabes cómo responsabilizarte de ti mismo y tus experiencias. De esta manera, puedes experimentar la liberación de tus experiencias difíciles para que puedas comenzar a experimentar una vida mejor.

Concéntrate en el presente

Después de que elegiste dejar ir, haber expresado todas tus emociones, y asumido tu propia responsabilidad y tus elecciones, completaste todo lo que tenías que hacer con el pasado. Debes comenzar a enfocarte en el presente, y en cómo puedes mejorar tu vida actual. Esta es una excelente oportunidad para comenzar a considerar las consecuencias de tus experiencias dolorosas, y cómo has moldeado tu vida desde entonces. También puedes mirar tus dones empáticos y descubrir cómo tu experiencia puede hacerte sentir ciertas emociones más fuertes que otras cuando se trata de asumir emocional y enérgicamente las experiencias de otras personas. En muchos casos, descubrirás que tus emociones más comunes están directamente relacionadas con experiencias dolorosas previas de tu propia vida.

Cuando elijas vivir en el presente, piensa en cómo puedes comenzar a vivir tu vida de una manera más auténtica y satisfactoria. Busca la oportunidad de descubrir cómo puedes seguir superando los efectos de tus dolores pasados, para poder vivir de una manera que te sienta bien. Elige vivir en la luz sanadora todo el tiempo. Cada vez que sientas algo que te hubiera detonado como resultado de tal experiencia previa, haz el esfuerzo consciente de soltar, y seguir adelante en tu vida en ese momento. El paso final de la sanidad es perdonarte a ti mismo, y a cualquiera que te haya lastimado en tu pasado.

El perdón es tu oportunidad de tomar el control de tu presente, y evitar que el "yo" pasado y las personas de tu pasado te lastime aún más. Es posible que en algunos casos, el perdón requiera un compromiso regular para que tú y otros puedan permanecer sinceramente en el perdón. Es esencial que honres el proceso del perdón, sin importar cómo te veas, para que sigas sintiéndote libre de tus dolores pasados. El perdón es verdaderamente una experiencia liberadora como empático.

Al perdonar, alquimizas la energía dolorosa de la conciencia de la víctima, y tomas el control de ti mismo y de tu vida nuevamente. Este es el paso donde realmente eliminas la energía residual del pasado para no sentir que continuamente estás tratando de acercarte a una vida que ya está llena de estrés y abruma. En cambio, puedes acercarte a la vida de manera clara y libre de tu pasado con la capacidad de ver las cosas.

SANANDO A TU NIÑO INTERIOR

unque ya has comenzado a sanar tu pasado, se necesita otra acción clave para experimentar una sanidad verdadera y completa en tu vida. Como empático, dirigirte a su niño interior y sanar esta parte de ti es una fase importante de la sanidad. Si bien la sanación de tu pasado ayudará a sanar a tu niño interior, se deben tomar otras medidas para apoyar a dicho niño en la sanidad completa. Tu niño interior es aquella parte tuya que aun ve el pasado como si viviera en el pasado, y no en el presente a través de tus ojos con mas experiencia, y comprensivos. Es por eso que necesitas ser sanado como adulto, independientemente de la sanidad del pasado. Sanar a tu niño interior es una experiencia increíblemente liberadora para muchos empáticos que los apoyan a sentirse verdaderamente y completamente libres de sus problemas pasados.

Esta es la oportunidad de superar por completo esa pequeña voz interior que sigue gritando "peligro" cada vez que ves un detonante que remotamente refleje un ejemplo que has tenido en el pasado. Al sanar a tu niño interior, cada vez que asistas a un evento social, o te encuentres en un espacio público, puedes dejar de sentirte tan nervioso. Cuando tu niño interior esté sanado, ya no se siente tan preocupado y temeroso del mundo que lo rodea, que puede acercarse a la vida con más tranquilidad. Como resultado, es mucho más fácil abordar y manejar cualquier energía que puedas enfrentar en tu vida. Para cualquiera que quiera una sanidad completa en sus vidas, sanar a su niño interior es importante, pero es especialmente importante para los empáticos.

Dado que has sido muy sensible a lo largo de tu vida, es posible que tengas muchos recuerdos donde sentiste el impacto de tus sensibilidades. La forma en que las personas te hablaban, la energía que tenían al hablarte, e incluso la energía de los entornos que visitaste habrían dejado una impresión duradera en tu mente mientras crecías. Esto significa que debes considerar incluso mayor sanidad que la persona promedio que no ha experimentado niveles más altos de sensibilidad a lo largo de su vida. El primer paso para sanar a tu niño interno es acceder a ese niño para empezar a compartir comunicaciones con esa parte de ti mismo.

Puedes pensar en tu niño interior como esa pequeña voz dentro de ti que aun piensa, habla y actúa como niño, sin importar que ahora seas adulto. Por ejemplo, si estás enojado y esa parte interna en ti comienza a experimentar los sentimientos de un berrinche, incluso si tu adulto se da cuenta de que un berrinche no es una respuesta válida o productiva a tu enojo. Tu niño interior refleja esa parte interna tuya, que aun quiere responder ante situaciones en un sentido más emocional y menos racional.

Para acceder a tu niño interior, debes darte el tiempo para reconocer que existe, y que debe abordarse. Al permitirte hacer conciencia de tal necesidad, y reconocerla como una parte válida e importante de ti mismo, te ayuda a darle a tu niño interior el espacio seguro en el que necesita emerger. Tienes que empezar a hablar con tu niño interior. Hablar con ese niño te permite prestarle la atención que necesita mientras comprendes por qué se siente y actúa como tal. Esta es la información que usarás para sanar, para que puedas comenzar a sentir libertad emocional, y dejar de sentirte tan abrumado por ante tu sensibilidad.

Algunas personas que se sienten más atraídas por el uso de objetos físicos o su entorno como una forma de participar en prácticas mentales y espirituales, pueden encontrar que es más fácil acceder a su niño interior si tienen algo de la infancia. Por ejemplo, mirar una foto de tu "yo" más joven, o sentarse con un oso de peluche de su infancia puede estimular a tu niño interior, y alentarlo a salir y pasar un tiempo compartiendo. Si no tienes tus pertenencias de la infancia, siempre puedes recoger un objeto que se parezca a algo que tenías en tu infancia. Una vez que reconozcas y accedas a esta energía, puedes comenzar a hablar con tu niño interior y hacerle preguntas. Algunas preguntas geniales para comenzar incluyen: "¿Cómo estás?" O "¿Qué quieres que sepa ahora?". Esto anima a esta parte de tu psique a empezar a hablar contigo, y a compartir información sobre cómo puedes responder al mundo que te rodea.

Para los empáticos, esta parte de ti mismo probable-mente tenga mucho miedo y ansiedad sobre tus experiencias adultas. Es una forma poderosa de iniciar el proceso de sanidad, para que tu niño interior deje de sentirse traumatizado por el mundo que lo rodea.

Cómo ganar la confianza de tu niño interior

Debes ganarte la confianza de tu niño interior si deseas abrazar por completo el proceso de sanación de tu niño interior. Muchos empáticos descubren que tu niño interior se siente traicionado, abandonado, descuidado o simplemente olvidado. Esto se debe a que la mayoría de las personas no se dan cuenta de que su niño interior aun existe y necesita apoyo para comprender y superar los desafíos de la vida. Cada vez que soportas un nuevo desafío en la vida, o lo aceptas, tu niño interior seguirá respondiendo de la misma manera que tu infancia.

Todavía tienes una parte interna de ti que lucha por ver, comprender y responder al mundo que te rodea, a pesar de la evolución que has sufrido. Esta parte de ti quiere que tu y los que te rodean te amen, respeten, valoren, y aprecien. También quiere que le muestres tu afecto, y seas compasivo y tierno, a menudo reflejando algo que tal vez nunca hayas experimentado de niño.

En la vida, nuestro niño interior a menudo se siente abandonado y descuidado si no se le da la tierna compasión y el amor que necesita en estos momentos sensibles, especialmente como un empático. Como adulto, tu niño interior naturalmente responderá de inmediato a estos sentimientos, incluso si no lo reconoces o te das cuenta. Es por eso que tu niño interior ha crecido hasta verte como no confiable. Por lo tanto, es importante ganarse la confianza de tu niño interior. Como empático, es probable que tu niño interior se sienta herido porque sigue preocupado por ser "demasiado sensible" o "demasiado serio". Esta parte de ti todavía duele cada vez que alguien te dice que necesitas hacer crecer una piel más gruesa, o reconoce una broma cuando la escuchas, incluso si no te parece graciosa.

Aunque ahora eres más consciente de estas experiencias, o más compasivo contigo mismo y tu sensibilidad, tu niño interior todavía anhela esta ternura y compasión. Puedes ganarte la confianza de tu hijo interno al demostrar que reconoces que aun existe, y que estás dispuesto a reconocerlo y permanecer consciente de ello. Al enseñarle a tu niño interior que no lo has olvidado, sino que no te has dado cuenta de que todavía está allí, puedes pedirle perdón a tu niño interior, y luego trabajar para ganarte su confianza. Al hacerlo, le brinda más comodidad a tu niño interior. Confíe en tu "yo" interior de la infancia para que estés allí para el ahora y quieras escucharlo, verlo, y apoyarlo en sus experiencias.

Debes ser increíblemente tierno y gentil contigo mismo y ser constante y dedicado para que tu niño interior pueda ver que tomas muy en serio el apoyarlo. Si tu niño interior ha sido reprimido durante mucho tiempo, puede tomar algún tiempo ganar confianza, y poder acceder y escucharlo por completo. Sé paciente y continúa escuchando a tu niño interior para que puedas demostrar que eres confiable. Cuanto más hagas esto, más se abrirá tu niño interior y compartirá sus sentimientos y experiencias. Esto te ayudará a comprender profundamente tus propias emociones, y por qué eres tan sensible a experiencias específicas en lugar de otras, o más sensible a todas las experiencias en general. Una vez que hayas accedido a la confianza de su hijo interior y la hayas ganado, podrás comenzar a trabajar para sanarla. La mejor manera de comenzar a sanar a tu niño interior es expresar las emociones que el niño siente.

Permite que todos estos sentimientos durante estas conversaciones salgan a la superficie y se expresen de manera completa y saludable. Si tienes miedo, déjate sacudir. Si quieres llorar porque te sientes triste o avergonzado, deja que salga también. Aprovecha esta oportunidad para sentir y liberar cualquier emoción que desee salir a la superficie. Cuando expresas las emociones que tu niño interior no ha tenido la oportunidad de comunicar por completo, te permites liberar la energía que este recuerdo o experiencia conlleva. Esto te permite liberar por completo la "botella" interior que se ha llenado a lo largo de los años, y restaurar un estado de paz y tranquilidad dentro de ti. Cuando liberas estas emociones, puedes sentir ansiedad ante la intensidad de las emociones que surgen.

Quizá te preocupe que tales emociones sean abrumadoras, o que no puedas controlarlas. Confía en que este no es el caso, y que incluso cuando tus emociones salgan, aún podrás experimentar el control total. Este miedo pertenece a tu niño interior y le preocupa que pierdas el control porque se le inculcó que perder el control era malo. Ahora eres un adulto que puedes mantener el control mientras expresas tus emociones, para no tener que preocuparte por esta experiencia. Solo deja que se exprese

el miedo, y luego experimentarás tus otras emociones. Por lo tanto, podrás sentir una liberación
completa de tus emociones, y liberar la increíble
cantidad de energía asociada con ellas. Es probable
que tu niño interior exprese solo unas pocas cosas a
la vez.

Después de todo, has sido un niño durante muchos
años, por lo que es posible que necesites reconocer y
expresar muchos años de experiencia. A medida que
continúas trabajando con esta práctica, cada vez
sientas una mayor sensación de liberación. Quizá
descubras que tu niño interior está satisfecho con el
tiempo, y ya no necesites participar en tales prácticas
de sanidad. Cuando esto suceda, debes ver que tu
capacidad para procesar la vida como un empático
también es mucho más natural, ya que ahora tienes
más control sobre ti mismo, tus energías y tus
emociones.

SANANDO SU SER ACTUAL

El siguiente paso de tu travesía hacia la sanidad es comprender y sanar tu ser actual. Sanar tu ser actual es una oportunidad para que liberes cualquier cosa que pueda causar confusión energética o emocional en tu vida en este momento, para que realmente puedas disfrutar de la vida. La mayoría de las veces, sanar tu ser actual implica considerar cuál es tu estado actual de bienestar, y comenzar a sanar hacia tu propia visión. Sanar tu pasado y a tu niño interior te ayudará a sentirte libre de los apegos que te han mantenido en este estado, pero sanar tu ser actual te permitirá liberar completamente los síntomas causados por tu pasado.

La sanidad del "yo" presente permite a los empáticos comenzar a sentir un mayor sentido de confianza en sí mismos y autoestima, para que puedan empezar a disfrutar la vida desde un punto de vista más intencional y empoderado. Exploraremos en este capítulo cómo la sanación de tu ser actual puede mejorar tu vida y cómo puedes usar tu mejor autoestima y confianza en ti mismo para experimentar una vida mejor como empático. Incluso si eres alguien que ya considera que su autoestima y confianza son razonablemente altas, trabajar en esta práctica de sanidad asegurará que uses tal fuerte sentido de ti mismo de la mejor manera posible para apoyar tu empatía interna.

Identificar lo que necesita ser sanado

Antes de empezar a sanar tu "yo" actual, debes considerar lo que podría estar mal. Examinar tu pasado hace que sea más fácil ver traumas o desafíos, ya que ahora puedes ver cómo afectaron tu vida. Mirar tu vida actual y tratar de considerar qué puede "salir mal" puede ser mucho más desafiante, pues estas son las conductas, pensamientos y experiencias en las que te involucras activamente. Para determinar qué necesita ser sanado, sirve pasar un tiempo escribiendo. Anota las cosas que deseas cambiar o mejorar de tu vida actual. Considera todo, desde comunicarte con los demás y contigo mismo, hasta lidiar con diferentes situaciones en tu vida. Todas estas experiencias contienen cantidades masivas de energía que pueden afectar tu energía y hacer que el mundo a tu alrededor se sienta vulnerable o abrumador.

Cuando hables sobre lo que necesita ser sanado, no tengas miedo de considerar partes de ti mismo que pudieran haber sido afectadas por experiencias pasadas, incluso si ya has trabajado deliberadamente para sanar tales experiencias pasadas. Nuestras experiencias pasadas a menudo llevan a problemas actuales que también deben abordarse. El que hayas sanado el dolor de la memoria no significa que tu comportamiento, pensamientos y actitud del presente aun no duren. Dirigirte al yo presente, que también necesita sanidad, te ayudará a sanar por completo de las experiencias pasadas, para que puedas progresar y empezar a vivir una vida mejor completamente libre de todos los apegos del pasado. Quizá encuentres muchas cosas que deban ser abordadas o sanadas. Aun así no es el fin. La sanidad es un proceso continuo que debe abordarse y trabajarse regularmente para garantizar que permanezcas en tu nivel más alto de energía.

La autorreflexión periódica y tener un diario son la

mejor manera de garantizar que siempre identifiques aspectos propios que puedan sanar. Esto te ayudará a mantenerte consciente de ti mismo, y totalmente comprometido con tu práctica de sanidad.

La importancia de la autoconciencia

Si no eres una persona consciente de ti misma, la autosanación puede ser un proceso difícil. Para poder sanarte a ti mismo, debes mirarte a ti mismo y notar aquellas áreas que necesitan sanidad. Como empático, la autoconciencia tiende a surgir de forma natural e inevitable para ayudarte en tu travesía hacia la sanidad.

Sin embargo, también puedes descubrir que si vives en el arquetipo de un empático "maldito", por mucho tiempo has reprimido tus sentimientos y autoestima. Algunos empáticos incluso reportan experiencias corporales o experiencias de disociación como una forma de separarse de las experiencias dolorosas de la empatía. En estas circunstancias, podría serte más difícil alcanzar la autoconciencia. Si aún no vives en un estado de autoconciencia, querrás empezar a practicar, para que puedas comprenderte a ti mismo, y tus necesidades con mayor claridad.

La mejor manera de practicar la autoconciencia es hacer chequeos regularmente y preguntarte cómo haces algo. Hacerte estas preguntas requiere que revises tus sentimientos, pensamientos y necesidades, y luego cuidarte. Esto crea una fuerte relación entre ti, y tú mismo, que te ayuda a sentirte merecedor de tu tiempo y atención. Al igual que la sanidad del niño interior, es posible que debas trabajar para ganar tu propia confianza para abrazar el arte de la autoconciencia.

Continúa mostrando compasión y ternura, y quizá descubras que la autoconciencia proviene naturalmente de esta relación creciente que compartes contigo mismo. Ahora que has traído tu deseo de sanación a tu estado actual de conciencia, puedes iniciar el proceso de realmente sanar estas experiencias. Dado que tus traumas anteriores han cultivado todos tus problemas actuales, finalmente debes liberar todos tus enlaces actuales del pasado. La mejor manera de imaginar este proceso es ver la experiencia como eliminación de hierbas. Tu pasado y la sanidad interna de tu niño interno te permitieron sanar las raíces del problema.

Ahora debes eliminar el resto de la planta que surgió

de dichas raíces para convertirte en la persona que eres hoy.

Soltando los últimos vínculos de tu pasado

Si bien tiene una idea de por qué te comportas de una manera que pueda ayudarte a tener un mayor sentido de comprensión, no es necesario. Lo que necesitas es abordar cada parte de ti mismo que necesite sanidad, y comenzar a entender por qué ya no te sirve, y cómo se puede cambiar para servirte mejor.

Por ejemplo, si descubres que tiendes a sentirse abrumado ante ciertas energías, aun si tiene que lidiar con ellas regularmente, puedes fijar tu intención de sanar tu reacción en torno a tales energías. También puedes determinar cómo deseas actuar aparte de establecer dicha intención. Usar tu sueño de sanación es una excelente manera de ayudar a sanar tu "yo" actual. A través de dicho sueño, puedes "ver" cómo preferirías comportarte, y comenzar a comportarse de tal manera. Esta visión te ayudará a cambiar gradualmente tus modales actuales por otros nuevos que te ayudarán a realizar tu sueño sanador.

El proceso de cambiar estos viejos comportamientos

es el último vínculo del pasado que oficialmente se desata. Después de este cambio, sentirás que estás completamente libre de la experiencia que una vez te mantuvo en un disturbio energético y emocional. Esta liberación te permite sentirte más seguro de ti mismo, y de tu capacidad para afirmar tus límites, incluyendo tus límites energéticos, para poder recuperar el control de tu vida, y dejar de sentirse como si fueras víctima de tus dones empáticos.

Incorporando la autosanidad regular

Es importante que entiendas que la sanidad es una experiencia continua. Nunca estarás completamente "sano", pues siempre se puede abordar, evaluar y mejorar más. Si deseas abrazar la sanidad, debes estar dispuesto a abrazar la travesía completa, sin importar cuánto tiempo sea. Algunas partes del proceso pueden ser difíciles, dolorosas o simplemente frustrantes. Otras partes pueden parecer que has esperado demasiado tiempo para la sanidad, y estás emocionado de superar tus problemas e iniciar a vivir una vida mejor. Al final, la versión que haya pasado por más sanidad aprecia sinceramente tus esfuerzos. Si deseas emprender un camino hacia la sanidad, incorporar la sanidad a tu rutina regular es un requisito.

La autorreflexión regular, el diario y los sueños son la mejor manera de hacer esto. Cuanto más reconozcas tus partes aun no sanadas, y sueñes cómo sería sanarlas, más fácil será para ti visualizar, y luego manifestarte viviendo tu mejor vida. Como empático, el uso de energía curativa de esta manera te brinda una gran libertad de la abrumadora sensibilidad que puede llevarte.

PRACTICANDO LA SANACIÓN SOCIAL

*L*os empáticos rara vez son totalmente apreciados y aceptados por nuestra sociedad moderna, ya que el mundo en general tiende a no comprender y apreciar las luchas de una persona altamente sensible. Desafortunadamente, como empático en la vida cotidiana, es posible que no siempre seas bien recibido para expresar tu lado sensible. Esto puede hacerte sentir que no eres bienvenido en la sociedad. Esto puede agravar aún más tus sentimientos internos de abandono, y llevar a un trauma emocional interno de su relación "rota" con los demás en general. Aprender a sanar tus experiencias sociales puede ayudarte a participar en experiencias sociales a un nivel más alto, para que puedas empezar a disfrutar del público, o las experiencias que necesitas para salir en público.

En este capítulo, exploraremos cómo puede sanar el sentimiento de que la sociedad está marginada, para que empieces a disfrutar de una vida mejor, y sentirte realmente satisfecho de todas las maneras posibles. Ya seas empático tímido o extrovertido, estas prácticas te ayudarán a apoyar tu sanidad.

Asumir toda la responsabilidad de ti mismo

El primer paso hacia mejores experiencias sociales es asumir tu propia responsabilidad. Aprender a asumir la responsabilidad de tu energía y experiencia te ayuda a mantenerte alejado de la mentalidad de víctima. Esto evita sentir que te están atacando cada vez que apareces en público, pues puedes elegir evitar estos sentimientos de ataques energéticos. Cuando te das cuenta de que la sociedad no te desagrada y de que eres completamente bienvenido en el mundo tal como eres, te resulta mucho más fácil dejar tomarlo todo personal. Puedes dejar de sentir que tienes las energías de todos los demás, y que debes asumir la responsabilidad de ellos.

Una de las peores creencias a retener como empático es que eres responsable de cualquier energía o emoción en tu espacio. Eso no es cierto. Solo sus propias energías y emociones son tu responsabilidad. Si se ven afectados o influenciados por las energías o emociones de otra persona, es tu responsabilidad reconocerlo y ajustar tu enfoque a la situación para evitar la energía negativa o una experiencia emocional no deseada.

Cuando te responsabilizas de ti mismo, es mucho más fácil dejar de responsabilizarte de otros, que te ayudan a imponer tus límites de energía para que ya no aceptes emociones o energías que no sean tuyas.

Superar la creencia de la "esponja"

Una lamentable creencia que circula en ciertas comunidades es que los empáticos son "esponjas" que constantemente "absorben" las emociones y las energías de otras personas. Esto sin duda lo podrías sentir al no cuidar de ti mismo y a tus energías activamente, pero una vez que comienzas, este síntoma desaparece, lo que significa que no tienes que sentirte como una esponja para siempre. Creer que siempre serás una esponja que absorbe constantemente las energías y emociones de otras personas puede ser extremadamente fácil de creer, dado que lo sentiste en el pasado, y que otros fortalecen tu creencia.

Sin embargo, es mucho más fácil para ti dejar de absorber las energías de todos los demás cuando eliges asumir tu propia responsabilidad y de tus energías, y comenzar a practicar y hacer cumplir tus límites energéticos. Es importante que elijas fomentar una nueva creencia lo antes posible para que tus sentimientos de absorción no continúen reforzándose.

Cuanto más repites esta creencia, más refuerzas la falta de sentido de tus límites, porque la energía simplemente pasa. En otras palabras, haces que tus fronteras no tengan sentido porque las ignoras y te permites sentir energías no deseadas. Debes asumir la responsabilidad y deshacerte de la creencia de que cualquier persona ajena a ti tiene control sobre tus energías.

Asumir la responsabilidad de tu relación con la sociedad.

Es muy probable que tu niño interior sea la parte de ti que aún vive en el miedo y vergüenza de la sociedad. Esto significa que quizá necesites cierta sanidad ante la sociedad y otras personas con tu niño interior. También debes verte como adulto y cómo te siente ante de la sociedad en este momento. Si tus sentimientos sobre la sociedad son negativos, por ejemplo: crees que todos son muy fríos, y que nadie te aprecia o comprende, fortalecerás esta creencia negativa y batallarás en la sociedad, pase lo que pase. Si eliges ajustar tus creencias y ver a la sociedad como una hermosa oportunidad para conectarte con otros, y tal vez conocer a personas que sean sensibles como tú, la sociedad de pronto se volverá mucho menos aterradora, y mucho más agradable.

Te permites sanar de esos sentimientos internos asociados con ser un paria, o alguien que era demasiado débil para la sociedad cuando ajustas tus creencias de esta manera. Te das la libertad para sanar tu relación con la sociedad.

Nos guste o no, vivimos en una sociedad, y estar desacuerdo con el mundo nunca te ayudará a sentirte mejor. En todo caso, puedes hacerte sentir excepcionalmente vulnerable a la energía de quienes te rodean, ya que estás constantemente enfocado en las energías críticas, groseras y dañinas de los demás. Como resultado, cada vez que sales en público, tu "yo" empático se sentirá sumamente abrumado. Sin embargo, si ves a la sociedad como una oportunidad, o como un simple hecho de la vida, estas energías dejarán de ser tan intimidantes o atemorizantes para ti, y podrás disfrutar de la sociedad fácilmente y al máximo.

Date permiso de divertirte

Los empáticos a menudo luchan para divertirse de maneras que no están directamente relacionadas con estar solos, o hacer algo silencioso y retraído. Aunque no tiene nada de malo ser introvertido, o preferir leer o mirar una película, en lugar de estar con un grupo de personas, no eres eficaz si eres el tipo de persona que solo elige libros o películas por tu miedo a la sociedad. Si la preocupación constante de salir y divertirte te impide salir y hacerlo, debes aprender a desconectarte por completo del mundo que te rodea para poder soltarte y divertirte.

A primera vista, esto parecería imposible, pero es posible y puede ayudarte a vivir una vida más plena y feliz. En última instancia, requiere un compromiso contigo mismo para permitirte de diversión. Ante este compromiso, debes asegurarte de no preocuparte por las energías o emociones de quienes te rodean de una manera que te haga sentir abrumado o responsable por tu experiencia.

Aunque ciertamente puedes reconocer sus energías o emociones, permítete separarte por completo de ellas para que no puedas sentir sus energías como propias. Luego, solo intenta concentrarte de disfrutar de ti mismo y del mundo que te rodea sin sentirte tan abrumado y agotado.

Al principio, esto podría parecer una tarea imposible. Quizá te parezca difícil separarte, pues podría estar preocupado de que la separación te impida sentir cualquier tipo de emoción. Te puedo asegurar que ese no es el caso. Cultivar una separación saludable te permitirá separarte de sentirte personalmente responsable de otra persona. Entre otras emociones, aún puedes experimentar y expresar empatía, pero no sentirás una necesidad tan irritante y abrumadora de involucrarte en energías y emociones que no sean tuyas.

Puede ser beneficioso para ti comenzar a practicar este tipo de desprendimiento en entornos que no son tan abrumadores al principio, para que puedas familiarizarte con esto. Mientras lo haces, continúa aumentando la intensidad de tu entorno a un ritmo que lo sientas cómodo, para poder abrazar por completo tu desapego en cada "nivel", hasta sentirte seguro y listo para ascender. Moverte a tu propio ritmo te ayudará a sentirte más seguro del control de ti mismo, y tu capacidad de separarte de tus intensas energías.

Abogar por ti mismo

Si deseas involucrarte más en la sociedad como empático, es esencial abogar por ti mismo. Al actuar como tu propio defensor personal, debes prestar atención a tus necesidades y deseos cuando estés en público. Esto es parte de tu responsabilidad, pero también es un componente esencial para tu sanidad que requiere tu propia atención independiente.

Si eres un defensor de ti mismo, debes estar preparado no solo para identificar tus necesidades y deseos, sino también para asegurarte de que se cumplan. Por ejemplo, si te sientes particularmente abrumado por tu entorno, y sientes que necesitas salir por unos minutos, o excusarse del evento para retirarte a un entorno más relajado. Un asunto nunca es demasiado grande ni pequeño para abordarlo, sin importar cuál sea tu necesidad. Nunca es demasiado irracional preguntar, ponte en *primer* lugar.

Si pasas tiempo con alguien que no respeta tu derecho de expresar tus propias emociones, y satisfacer activamente tus necesidades, podrías considerar pasar tiempo con personas que estén más preocupadas por ti y tus deseos. En última instancia, eres el responsable de garantizar que se satisfagan tus propias necesidades, independientemente de con quién te encuentres o qué actitud tengan. Debes asegurarte de abogar por ti mismo y tus necesidades en todo momento para que puedas mantenerte seguro y ser más optimista sobre tus salidas.

CONCLUSIÓN

*F*elicidades por completar este primer paso en tu camino al autodescubrimiento. En verdad espero que hayas descubierto más sobre ti al leer este libro, y experimentar un mayor sentido de autoconciencia a través de las explicaciones de este libro.

Al comprenderte a ti mismo a mayor medida, te das el poder de tomar el control de tu propia vida, y experimentar una mejor calidad de vida en general. Ya no sentirás que estás viviendo a merced de quienes te rodean, cuanto más practiques tomar el control de tu vida.

Te verás a ti mismo, como empático, recogiendo energías que otras personas pueden ni siquiera darse cuenta. Sentir tales energías cuando la persona responsable de ellas ni siquiera quiere experimentarlas es una carga que nadie tiene que asumir. Debes aprender a responsabilizarte de ti mismo, y sanar las partes de ti que te llevaron a creer lo contrario para vivir tu mejor vida. Al sanar estas partes de ti mismo, te permites vaciar la "reserva" de energías no sanadas dentro de ti para poder acercarte a la vida con un mayor sentido de poder personal y confianza. Tendrás acceso a tu mejor vida a través de eso. Después de leer este libro, es esencial que continúes dominando tu don empático.

Cuanto más sanes y recuperes tu poder mientras fortaleces tu energía personal, más fácil te será dominar tu don. Después, podrá entrar en tu verdadera vocación de ser un sanador, maestro, cuidador o cualquier profesión que te parezca más adecuada.

Si puedes aceptar este llamado desde un lugar de poder, comenzarás a descubrir formas en que tu don empático puede realmente ayudarte en lugar de obstaculizar tu total éxito. Cualquier empático que intente abrazar su verdadera vocación sin dominar el don de ser empático se sentirá rápidamente agotado al seguir su pasión.

Esto puede llevar a un sinfín de nuevos problemas,

incluyendo la necesidad de sentir una mayor sanidad, especialmente en torno a sus deseos, en sus vidas. Para evitar el agotamiento, primero domina el arte de la empatía, y acepta tu verdadero llamado!

LA TRAVESÍA DEL ENEAGRAMA

ENCONTRANDO EL CAMINO DE REGRESO
A LA ESPIRITUALIDAD DENTRO DE TI: LA
GUÍA FÁCIL DE LOS 9 TIPOS DE
PERSONALIDAD SAGRADA: PARA
RELACIONES SALUDABLES EN PAREJAS

información contenida en este documento, incluidos, entre otros, - errores, omisiones o inexactitudes.

1

MAPEANDO TU CAMINO MÁS ALEGRE Y GRATIFICANTE

*I*ntroducción al Eneagrama

La mayoría de nosotros pasamos por la vida tratando de lidiar con nuestras luchas, desafíos y demandas totalmente inconscientes del hecho de que hay una diferencia entre el verdadero yo y el ego de la personalidad que se ocupa de la vida cotidiana. "Ser uno mismo" es más fácil decirlo que ponerlo en práctica en nuestra sociedad porque a menudo nos enredamos en la conciencia de masas y el estatus quo, dejando muy poco espacio para la auténtica auto expresión y auto comprensión. De eso se trata el Eneagrama. Es una herramienta diseñada para ayudarte a simplificar y aumentar el conocimiento de ti mismo y, en el proceso, trascender tu nivel actual de conciencia humana.

En un mundo lleno de ilusiones, donde todos usan una máscara a diario, los que se hartaron de las máscaras tienen sed de la verdad y de una auténtica autoexpresión. Esto no es algo nuevo; la búsqueda ha estado presente durante siglos. Desde la época de Sócrates e incluso más atrás, siempre ha habido quienes buscan el verdadero conocimiento de quiénes son. Sin embargo, algo está cambiando en nuestra sociedad.

La humanidad está dando un salto trascendental en la conciencia por la cual a medida que nuestras vidas se vuelven más complejas, experimentamos la necesidad de desarrollar mejores conductas y pensamientos, más complejos y de mayor calidad para poder acoplarnos. Sin embargo, lo que la mayoría de nosotros estamos descubriendo es que este enfoque no está funcionando muy bien.

La mejor manera de prosperar mientras el mundo continúa haciendo un cambio global no es buscar mecanismos de acoplamiento más complejos para abordar el nuevo mundo emergente, sino más bien, simplificar la forma en que nos relacionamos y nos asociamos con la vida. En otras palabras, nos damos cuenta de que la mejor opción es buscar soluciones simples a nuestros problemas complejos. Estamos aprendiendo a priorizar y apreciar esta búsqueda de la verdad y tenemos curiosidad de descubrir si realmente hay más de lo que hemos creído para creer sobre nosotros mismos.

¿Has llegado a un punto en tu vida donde la necesidad de descubrir quién eres ha aumentado y aún no sabes por dónde empezar? A veces puede ser difícil comprender tu propio comportamiento y acciones, o por qué reaccionas de la manera en que lo haces ante ciertas situaciones. Es un momento muy aleccionador cuando un día te despiertas y te das cuenta de que ni siquiera sabes quién eres realmente, en el fondo. El camino hacia el mundo interior está repleto de un gran misterio y, a menudo, puede intimidarnos, especialmente cuando hemos estado fuera de nuestra propia verdad durante décadas. Ahí es donde las herramientas y los sistemas demostrados se vuelven útiles.

El Eneagrama es un antiguo sistema y herramienta que fue creado para ayudar a aquellos de nosotros que nos preocupamos por dejar al descubierto las capas de una conciencia masiva para que podamos sumergirnos profundamente y descubrir nuestro verdadero ser. Y este libro está diseñado para ayudarte a que ese viaje de autodescubrimiento y esta herramienta antigua sean más directos, comprensibles y rápidos de utilizar.

2

ORÍGENES

*E*l término Eneagrama es de origen griego. Ennea es el número nueve en griego, y gramo significa un dibujo. Traducido al inglés ordinario, lo interpretaríamos como un dibujo con nueve puntos.

En la sección uno de este libro, exploraremos con gran detalle cómo se ve y significa este dibujo. Por ahora, lo más importante a tener en cuenta es que no solo estamos hablando de una metodología de la nueva era preparada para ayudarte a lidiar con las crecientes tensiones de la vida. Hay más de lo que parece.

Al principio, puede parecer otra de esas entretenidas, pero juveniles pruebas de personalidad que no poseen ninguna base concreta para asegurar la transformación personal, pero si lees el contexto de este material y le aplicas la comprensión correcta, ' cosecharás los beneficios del poder contenido.

George Gurdijieff, un místico ruso, y maestro es uno de esos individuos a quien se le atribuye la reintroducción moderna del símbolo del Eneagrama. Fue fundador de una escuela altamente influyente especializada en 'trabajo interno' y su principal forma de enseñar y usar el símbolo fue a través de una serie de danzas sagradas, o lo que él llamaba 'movimientos'. Él creía en dar a sus alumnos un sentido directo del significado del símbolo y el proceso que representa, pero lo que no hizo fue incluir el sistema de tipos enea, tal como lo conocemos hoy. Para que comprendamos quién estaba detrás de este sistema, tal como lo conocemos hoy, tendremos que introducir a Oscar Ichazo en la historia.

Oscar Ichazo es acreditado como el individuo principal detrás del sistema contemporáneo del Eneagrama. Era un hombre boliviano que se mudó a Perú y luego a Buenos Aries en Argentina para estudiar el 'trabajo interno'. Esto le condujo a más viajes y búsqueda de sabiduría en Asia, donde adquirió más conocimiento a través de varias tradiciones de sabiduría que lo ayudaron a crear una forma sistemática de comprender y aplicar todo lo que había aprendido en sus viajes. Ichazo combinó las enseñanzas del taoísmo, el budismo, la filosofía griega antigua, el islam, el cristianismo y el judaísmo místico para formar su propia escuela de pensamiento que utilizaba el antiguo símbolo del Eneagrama. Así, desde la década de 1960, cuando comenzó sus enseñanzas en Chile, el Eneagrama basado en la personalidad se ofreció como un sistema para ayudar con la autorrealización y la transformación.

La escuela de Arica en Chile, donde enseñó en la década de 1960 y a principios de los setenta, es donde introdujo por primera vez su sistema de los 108 Eneagramas (o Ennneagons, según su terminología). Estos son conocidos generalmente como el Eneagrama de la Pasion, Eneagrama de las Virtudes, Eneagrama de las Fijaciones, y el Eneagrama de las Ideas Santas.

Fue durante este tiempo en Chile que un grupo estadounidense interesado en su trabajo fue a Sudamérica para estudiar y experimentar a primera mano sus métodos. Uno de los participantes del grupo fue el notable psicólogo estadounidense Claudio Naranjo, quien recreó su versión actualizada del sistema de personalidad Eneagrama. Aunque Ichazo y Naranjo comenzaron como maestro y discípulo, cada uno de ellos se fue por separado enseñando diferentes teorías de este sistema del Eneagrama, y vieron que continuaban surgiendo diferentes escuelas de pensamiento sobre el tema, no te sorprendas al descubrir que algunas ideas no siempre se alinean. Sin embargo, el objetivo fundamental no es entrar en un debate sobre quién tiene razón o no. Estamos aquí para desarrollar una forma saludable de entender y de relacionarnos con nuestra psique humana. Esta herramienta ha demostrado ser muy útil para quienes practican con diligencia, y te ayudará a comprender mejor a las personas que te rodean y a ti mismo.

¿Por qué esto es importante para ti?

Comprender por qué te comportas como lo haces, y encontrar una forma saludable de sacar a la luz los poderes, talentos y aspectos ocultos de ti que de otro modo permanecerían inactivos puede aumentar tu felicidad personal y la de tus seres queridos. Cuanto más comprendas por qué las personas se comportan como lo hacen, menos probabilidades hay de que tomes las cosas personalmente, te salgas de tu propia alineación o incluso las malinterpretes. Existe una mayor necesidad de compasión, comprensión y empatía ahora que estamos más conectados que nunca como una comunidad global. En el trabajo, en las redes sociales, en reuniones públicas y en el hogar. Ayuda cuando el comportamiento humano no es un misterio para ti porque puedes evaluar inteligentemente cualquier situación dada y responder en lugar de reaccionar cuando tienes una relación con los principales motivos subyacentes que impulsan la conciencia humana.

La conclusión es la siguiente.

Cualquier cosa que podamos hacer para saber más acerca de nosotros mismos y ser mejores humanos, vale la pena sumergirse e invertir un poco de esfuerzo. Se requiere de una mente y un corazón abiertos, pero si estás listo para sumergirte ante nuevas perspectivas saludables, prometo brindarte los conocimientos que pueden ayudarte.

¿De qué se trata este libro?

Dicho en pocas palabras, este libro responderá a la gran pregunta. ¿Por qué haces lo que haces, ya sea si es voluntario o no? Revela los motivos subyacentes detrás de cada uno de nosotros, y te ayudará a obtener claridad sobre los patrones que no te están sirviendo para que puedas mejorarlos, y arrojar una luz sobre los rasgos positivos que debes aprovechar.

Finalmente descubrirás tu verdadero yo, y te fortalecerás lo suficiente como para discernir la diferencia entre la máscara que has estado usando como forma de protección. No solo aprenderás más sobre ti, sino que también empezarás a ver el mundo, y comprenderás por qué las personas piensan, sienten, se comportan y actúan como lo hacen. Esto te permitirá detectar aquellos con los que eres más compatible, y sostener más de esas relaciones. De hecho, tengo un capítulo que te ayuda explícitamente a cultivar relaciones amorosas saludables.

Te felicito por tomar esta decisión para mejorarte y hacer que tus semejantes comprendan mejor. Los cambios y prácticas que integres conforme vayas absorbiendo cada capítulo afectará tu éxito y felicidad personal.

El libro está dividido en cuatro secciones. En la sección uno, volvemos a lo básico para que antes de integrar esto a tu vida y relaciones, puedas formar una base sólida. En la sección dos, profundizaremos en los detalles de los tipos de Eneagrama. En la sección tres, exploramos más sobre quién eres realmente, así como los subtipos de los tipos de Ennea y, por último, te guiaremos para integrar esto en las áreas más críticas de tu vida. También tendrás la oportunidad de hacer una prueba de Eneagrama para averiguar qué tipo y subtipos resuenan más contigo. Ahora, recuerda, el sistema de Eneagrama es un trabajo aun en progreso como lo es tu vida. Sé gentil contigo mismo a medida que avanzas en este proceso y trata de no ponerte demasiado rígido tratando de encajar en un tipo o subtipo específico.

El Lado Oscuro de los Tests de Personalidad

Una mujer se desempeñaba increíblemente bien en su trabajo liderando un pequeño equipo en una importante agencia de bienes raíces hasta que tomó una de las pruebas de personalidad más populares. Tras recibir los resultados de la prueba de personalidad, sus colegas no confiaron en ella de la misma manera. Sintieron que ella simplemente no tenía la personalidad adecuada para estar en esa posición.

Al compartir su frustración conmigo, dijo: "después de ese día, cada vez que algo sale mal, o si me equivoco, tengo la sensación inquebrantable de que es porque soy este tipo de personalidad en particular, y tal vez debería estar buscando un trabajo que sea más adecuado para ese tipo de personalidad ". Este es un problema real y común que mucha gente reporta una vez que caen en la desventaja de confiar en pruebas de personalidad tan superficiales.

El error aquí es elemental. Cuando aplicamos etiquetas rígidas a nosotros mismos y a otros que limitan la capacidad de hacer cosas que están fuera de los resultados de las pruebas, puede ser como estar encerrado en una pequeña caja. Quiero que evites ese pensamiento errado mientras nos adentramos en los conceptos básicos del sistema del Eneagrama. Para que puedas utilizar esta herramienta de manera efectiva, debes entender un hecho muy simple.

Eres un ser humano dinámico y en constante evolución. Tus experiencias, entorno y estado mental están en cambio, y lo mismo ocurre con tu tipo de personalidad. Este sistema de nueve puntos no tiene la intención de encasillarte en una categoría. Los nueve puntos están interconectados, y puedes encontrar aspectos tuyos en varios tipos. Esto es algo bueno.

Ser capaz de descubrir más de quién realmente eres es posible y se puede hacer sin necesariamente encajar en una categoría rígida. Comencemos.

SECCIÓN I:

Comprensión de los conceptos básicos y antecedentes del sistema

3

LA TEORÍA DEL ENEAGRAMA

S i realmente queremos una mejor comprensión del Eneagrama y de cómo está destinado a ayudarnos a llevar una vida mejor, debemos al menos tener en cuenta el propósito principal del trabajo de Ichazo. En realidad, cada persona es perfecta, intrépida y en amorosa unidad con todo el cosmos; no hay conflicto dentro de la persona entre la cabeza, el corazón y el estómago, o entre la persona y los demás.

"Entonces sucede algo: el ego comienza a desarrollarse, el karma se acumula, hay una transición de la subjetividad hacia objetividad; el hombre cae de la esencia a la personalidad"

Se trata de iluminar y motivarte a despertar a una mejor comprensión de la estructura de tu alma y de los demás. Hay un "yo" real y un "yo" cotidiano que juntos forman el individuo que sabes que eres. Por lo general, operamos nuestras vidas enteras desde el ser ordinario (también conocido como el ser del ego) y nos separamos de ese ser profundo y verdadero, y de ahí surge toda la inquietud interna, la confusión y la crisis de identidad.

Ichazo desarrolló sus enseñanzas y metodologías transformacionales para ayudarnos a conciliar estos dos aspectos de nosotros mismos, y recuperar la armonía y la integridad que es nuestra verdadera naturaleza. La teoría está inspirada en la tradición mística y filosófica occidental de nueve formas divinas según mencionado por Platón (sólidos platónicos) y luego desarrollada en el siglo III por el filósofo neoplatónico Plotino en su obra – Los Eneas.

Claramente, estas no son nuevas ideas, pero lo que podemos concluir es que nadie había consolidado tan eficazmente todas estas diferentes maneras de pensamiento hacia un trabajo coherente. La base de su enseñanza es que mientras un individuo permanezca en esencia pura, está en completa armonía con la vida y posee las cualidades esenciales superiores, también conocidas como las Ideas Santas.

Cada Idea Santa tiene una virtud correspondiente. A medida que un individuo pierde conciencia y presencia, se aleja de esa Esencia pura, y entra en el ámbito de la personalidad, donde tanto las Santas Ideas como las Virtudes se distorsionan en la fijación del Ego y la pasión, respectivamente.

Ideas sagradas, Virtudes, Fijaciones del ego y Pasiones

Según la teoría de Ichazo, la pérdida de la autoconciencia conduce a una contracción espiritual, que da lugar a los estados del ego. Nos distorsionamos en nuestros pensamientos, sentimientos y acciones deshabilitando la conexión con lo Divino. No está diciendo que no deberíamos tener pasiones y fijaciones egocéntricas, simplemente señala que estos son aspectos inferiores e indómitos de nosotros mismos que en realidad son parte de algo más grande y mejor si solo aprendemos a utilizarlos de manera efectiva. Se vuelve nuestra búsqueda para restaurar ese equilibrio y verdad en nuestras vidas una vez que reconocemos que son versiones distorsionadas de esencia pura. Este es el propósito principal subyacente al Eneagrama de la personalidad.

El objetivo no es solo hacer un examen; es lo que te sucede una vez que das ese primer paso de autoanálisis a través del examen.

4

ENTENDIENDO EL ENEAGRAMA MODERNO

*A*hora que tienes un contexto sobre el propósito y el origen de tanto el antiguo símbolo del Eneagrama como del concepto creado por Ichazo que incluye el símbolo que forma el Eneagrama de la personalidad, tal como lo conocemos hoy, cambiemos nuestro enfoque. Es hora de llevar nuestra atención de la historia básica hacia el sistema actual para que puedas empezar a ver el valor que puede aportar al desarrollo de tu vida.

Al intentar comprender y estudiar el comportamiento humano, hay varios enfoques que uno puede usar. La mayoría de ellos implica el diagnóstico de comportamientos patológicos, y aunque esto es importante, ciertamente no es un enfoque muy holístico y no considera el comportamiento humano en su totalidad.

Lo que pretende hacer el Eneagrama es ofrecer un mapa más holístico, y un lenguaje preciso para ayudarte a comprender y a expresar lo que descubres sobre ti mismo y los demás. Para seguir siendo relevante, el sistema de mecanografía detallado necesitaba crecer y tener en cuenta los descubrimientos psicológicos que hemos realizado en el mundo moderno.

Es nuestro trabajo recordar que el propósito de esta herramienta no es etiquetar y clasificar a otros o a nosotros mismos en ciertos estados fijos. En cambio, se trata de abrirte para reconocer los principales patrones de comportamiento en los que las personas tienden a caer, entendiendo que cada individuo puede exhibir cualquiera de estos rasgos de personalidad de manera más dominante que los otros rasgos dependiendo de su estado actual, entorno y cuán autoconscientes están de ello.

En la entrevista donde Claudio Naranjo explicó su papel en la creación de la herramienta.

Continúa diciendo que lo que Ichazo tenía era un

mapa fundamental que luego ayudó a desarrollar a un nivel más avanzado

Para comprender mejor la herramienta Eneagrama, debemos considerar cómo funciona la mente. La mente quiere ser estratégica sobre la gestión y la navegación en la vida para poder sobrevivir de la mejor manera. Se dice que el sistema de nueve puntos del Eneagrama son las nueve cualidades distintas y únicas que todos los seres humanos poseen como características especiales para ayudar a un individuo a navegar por la vida (incluido el trauma).

Tu tipo de Eneagrama es la herramienta de navegación que siempre influye secretamente en tu comportamiento, percepciones y reacciones de una manera que no siempre puede predecir. Cuanto más entiendas el tipo de tu Eneagrama, más información tendrás sobre ti y tus patrones de pensamiento habituales, porque reconocerás que hay una forma principal en la que puedes percibir y reaccionar ante las cosas que demuestran tu personalidad dominante del Eneagrama. Esto te permitirá tomar una decisión informada sobre si deseas o no activar otros personajes que consideres más adecuados para el tipo de persona que aspiras a ser.

También te ayudará a discernir mejor entre el yo real, y el yo en ti. Es un sistema sutil pero complejo, pero no tienes que sentirte abrumado o confundido. Cuando lleguemos al fondo de este libro, y descubramos este sistema de nueve puntos, tómate un momento para hacer una pausa entre la descripción del tipo, y ver cuáles resuenan contigo. Hacia el final del libro, haremos una simple prueba de Eneagrama para ayudarte a determinar dónde te ubicas, y qué tipo es tu personalidad más dominante. Pero exploremos con más detalle cada punto numerado y la estructura del Eneagrama por ahora.

INTRODUCCIÓN A LOS DIFERENTES TIPOS DE ENEAGRAMA

Según las enseñanzas del Eneagrama sobre el sistema de personalidad, sabemos que hay nueve puntos. Cada uno de ellos tiene un nombre único.

1. *El Perfeccionista también llamado el Reformador.*
2. *El Dador también llamado el Ayudador.*
3. *El Triunfador también llamado el Ejecutante.*
4. *El Romántico también llamado el Individualista.*
5. *El Observador también llamado el Investigador.*
6. *El Leal también llamado el que Duda.*
7. *El Entusiasta también llamado el Soñador.*
8. *El Retador también llamado el Líder.*
9. *El Pacificador también llamado el Diplomático.*

Sin embargo, vale la pena mencionar que el sistema contiene más que estos nueve tipos. También hay centros y alas que juegan un papel importante en la interpretación y comprensión de tus resultados al tomar el examen.

Centros:

Los centros organizan los nueve puntos en tres grupos. En el diagrama forman una tríada. Clasificando los puntos numerados como el Centro Instintivo para los tipos 1, 8 y 9; el Centro de Sentimientos para los tipos 2, 3 y 4; y finalmente el Centro de Pensamiento para la Personalidad Tipo 5, 6 y 7.

Las Alas:

Las alas son las que nos ayudan a reconocer el hecho de que todos estamos conectados independientemente del tipo, y también de que no estamos atrapados exclusiva y rígidamente en un punto numerado. De hecho, a menos que abracemos y desarrollemos "nuestras alas", aún será difícil alcanzar nuestro máximo potencial en la vida.

Nos sumergiremos más en los centros y alas en el próximo capítulo, donde incluso podrás tener una idea visual del Eneagrama para ayudarte a conectar mejor con el sistema.

Como puedes ver, hay capas adicionales de complejidades que pueden ser muy interesantes para una persona interesada. Por complicado que parezca este sistema, es muy dinámico y sencillo una vez que lo comprendas, y te conectes a la estructura del diagrama en sí, porque le dará a tu mente una imagen mental funcional donde podrás comprender más acerca de tus tendencias naturales.

Cuando intentas averiguar más sobre ti mismo, los demás, y por qué actúas como lo haces, el Internet tiene muchas soluciones a elegir. Por desgracia, la mayoría de ellas no tienen el mérito de darte una respuesta que pueda transformar tu vida. Sin embargo, la herramienta del Eneagrama de personalidad es uno de los pocos sistemas reconocidos a nivel mundial que no solo te ayuda a aprender más sobre tu personalidad, sino que también expande tu conciencia para mostrarte cómo aprovechar los campos que van mucho más allá de las tendencias superficiales. Lo mejor de todo es que te brinda información sobre cómo se comportará tu tipo de personalidad cuando estés expuesto a situaciones poco saludables y estresantes, y cuán buenas pueden ser las cosas cuando estés en el camino saludable hacia el desarrollo de la personalidad.

ESTRUCTURA DEL DIAGRAMA

*L*a estructura del diagrama de Eneagrama convencional está diseñada para ayudarte a conectar visual, mental y emocionalmente con la herramienta. Apuesto a que te estás preguntando por qué el sistema está enumerado del 1 al 9 antes de comenzar a diseccionarlo. También tenía curiosidad por eso. ¿Una clasificación numérica más alta significa que hay más valor en un tipo de personalidad en comparación con otro?

¡Absolutamente no! No hay diferencia de valor entre el número más grande y el número más pequeño. Entonces, el hecho de que alguien sea un ocho no significa que sea mejor que un tres.

Creo firmemente que nadie es mejor o peor que el

otro. Con diferentes atributos que se pueden expresar de manera saludable o no, cada personaje es único. Ciertamente, encontrarás algunas personas que desean un número específico porque es mejor ser ese tipo de personalidad según la sociedad, pero simplemente no estoy de acuerdo con tal noción. Creo que si estás subdesarrollado, cualquier símbolo puede convertirse en una desventaja. La clave es nutrir los aspectos saludables que más resuenan con lo que eres. No te frustres tanto por lo que la mejor personalidad es "la que la gente dice". El mejor personaje para ti es ser auténticamente tú mismo y aparecer como la versión más grande que puedas ser.

Comenzar desde las capas externas y trabajar hacia adentro es la forma más rápida de entender el diagrama. Imagina un dibujo circular. Luego, dentro del círculo, un triángulo y déjalo tocar las tres esquinas. Marca los tres puntos del triángulo 9, 3 y 6 en la posición de las agujas del reloj con el 9 posando en la parte superior del círculo.

Todo lo que tienes que hacer ahora es hacer seis puntos equidistantes de la circunferencia del círculo y especificar los números restantes 1,2,4,5,7 y 8 para llenar los espacios en blanco. Asegúrate de hacerlo en el sentido de las agujas del reloj, y simétricamente. Cada uno de estos números es uno de los nueve principales tipos de personalidad. Si realizas esta actividad a mano, notarás que las líneas internas pueden conectar los nueve puntos de alguna manera, y que los puntos 3, 6 y 9 en realidad forman un triángulo equilátero. Puedes conectar los seis puntos restantes como se muestra en el diagrama a continuación. La importancia de estas líneas internas nos lleva a otra lección vital cuando se trata de comprender la herramienta Eneagrama.

La herramienta se utiliza para ayudar a una persona a identificar su tipo más dominante dentro del sistema de nueve puntos a un nivel fundamental. Sin embargo, hay más que aquellos que quieren sumergirse más profundamente. Entre los nueve puntos también hay interconexión. Entonces, si bien puedes descubrir que tu personalidad básica es un 2, descubrir un poco más de ti en los nueve tipos no es infrecuente. Aquí es donde entran en juego los Centros y las Alas.

Todos los maestros y autores de Eneagrama están de acuerdo en que todos nacemos con un tipo específico de personalidad dominante que emerge de la infancia, para ayudarnos a adaptarnos a nuestro entorno.

De bebes, realmente no tenemos un sentido desarrollado de nosotros mismos. El ego aún no se ha activado, y solo pasa un tiempo en un parque si no tienes claro esto. Observa cómo el niño pequeño no tiene sentido de identidad en un cochecito. Difícilmente puede distinguir la diferencia entre los dedos de las manos y los pies, o si una muñeca le pertenece o no. Luego mira a los bebés que comienzan a ser más tímidos. Pueden identificar a sus padres y hermanos, pero aún no tienen sentido de sí mismos. Luego observamos a niños de cinco años, persiguiendo una pelota. El dueño de la pelota sabe que le pertenece, y si se le quita, probablemente lloraría, pero el "yo" todavía es muy fluido. Una vez que alcanzan la edad de siete años o más, el "yo" está bien definido, y todo se trata de tomar posesión y determinar "yo" y "mío". Desarrollamos un sentido de identidad para ayudarnos a encajar en este mundo y sobrevivir, dependiendo de nuestro entorno, lo que nuestros tutores nos enseñaron, cómo nos trataron y a qué nos expusimos.

Por lo tanto, podemos generalizar que nuestros años de formación, y todo a lo que nos hemos expuesto ayuda a dar forma a nuestras personalidades. Aprendimos a confiar más en el tipo de personalidad que nos permitiría sobrevivir y sentirnos seguros en el mundo que nos rodea. Algunas de las opciones que elegimos pueden ser maravillosas, pero quizás algunos aspectos no son nada saludables, pero aún así nos exhibimos como esa persona en el mundo. Además, es posible que hayamos descuidado desarrollar y aprovechar las influencias de las cualidades conectadas y las capacidades especiales que podemos poseer. Es por eso que podría valer la pena conocer a qué centro perteneces, y qué alas tienes. Analicemos más a fondo el papel de los tres centros y las alas antes de saltar a cada uno de los nueve puntos de la siguiente sección.

Centros:

Como se mencionó anteriormente, los Centros están segmentados en una tríada. Estos son centros de inteligencia que caerán en cada uno de los puntos numerados. Cada centro tendrá tres tipos de personalidad. La tríada consiste en el centro del pensamiento, el centro del sentimiento y el centro de la intuición.

También conocidos como los centros de la cabeza, el corazón, y la intuición. Estos centros están diseñados y designados deliberadamente para las áreas específicas del diagrama. Los centros generalmente se diferencian entre sí en función de cómo la persona suele interpretar la vida y a los demás.

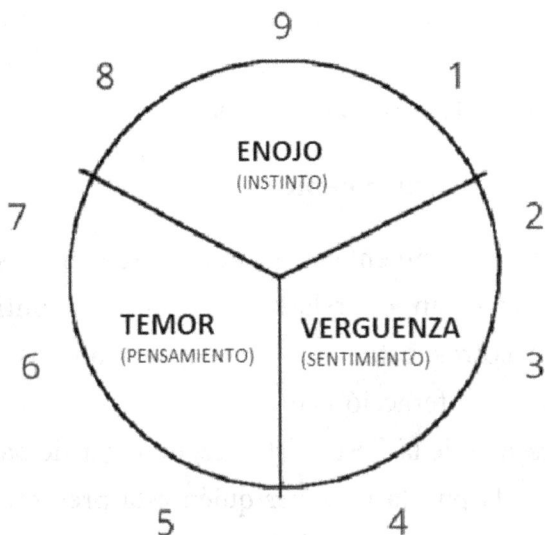

Centro de pensamiento:

Los tipos de la razón generalmente están demasiado atascados en sus cabezas. Tienden a retirarse de las relaciones. El centro de la cabeza es un centro cognitivo, y las personas en esta tríada aman pensar, analizar y abordar las cosas con cautela. Imagina que has estado en una fiesta por un momento. Si eres parte del centro de pensamiento, entonces tu tendencia y preferencia natural sería en o cerca de la puerta para poder tener una mejor vista, y simplemente observar a los demás.

Algunos autores se refieren a ellos como tipos basados en la mente. Su emoción dominante para mantener el control es el Miedo.

El centro de sentimientos:

Los tipos sentimentales generalmente son personas que participan en relaciones y buscan continuamente a otros. Están muy preocupados por los sentimientos e interacción con otras personas. Volvamos a la escena de la fiesta. Esta vez, en lugar de pararte junto a la puerta para ver quién está presente y lo que sucede a tu alrededor, serías el primero en mezclarte, presentarte a las personas e intentar conectarte con la mayor cantidad de gente posible.

Algunas personas se refieren a estos tipos como aquellos basados en sentimientos. Su emoción dominante es la Vergüenza.

El centro instintivo:

Los tipos de la intuición son instintivos. Son muy directos y no temen ser confrontativos. Las personas tienden a actuar primero en esta tríada, y luego piensan y sienten más tarde. Si tomamos el último ejemplo de esta fiesta, sabrías si esta tríada encajaría en tu enfoque perfecto desde el momento en que ingresas al salón. ¿Eres, en tu interacción con los demás, audaz, ruidoso, cordial y jovial? Tal vez te des a conocer muy intensamente que otros a menudo te encuentran ofensivo o intimidante. Y si tu tipo de persona no es tímida a la hora de hacer críticas constructivas, incluso hacia el anfitrión de la fiesta, entonces diría que este es tu centro.

Algunos autores se refieren a estos tipos como tipos basados en el cuerpo. La Ira es la emoción dominante a controlar aquí.

Según el Instituto del Eneagrama, cada tipo es el resultado de una relación específica con un grupo de problemas que caracterizan a ese centro. Mejor dicho, estos problemas son sobre una respuesta emocional poderosa, en su mayoría inconsciente, a la pérdida del contacto personal.

En otras palabras, tienes una respuesta emocional inconsciente en particular que a menudo surge como resultado ante la pérdida del contacto entre el pequeño "yo" de la vida cotidiana, y el verdadero "yo". Los tres centros que se han agrupado en centros de Pensamiento, Instinto, y Sentimiento tienen como emociones dominantes el Miedo, la Ira, y la Vergüenza, respectivamente.

Entonces, si haces la prueba del Eneagrama y descubres que eres un tipo 6, y después de una pequeña reflexión te das cuenta de que el miedo es uno de los fuertes paralizadores que te detiene de la grandeza, entonces acabas de confirmar que eres dominante en eso . Entonces, cuando estás mejorando tu vida y trabajando duro para manifestar una vida que amas, es importante vigilar de cerca el miedo, porque ese sería tu mayor fuente de sabotaje.

Cada centro de inteligencia tiene ciertas responsabilidades y activos que están incluidos en este, que poseerán los tipos de personalidad asignados que pertenecen a ese grupo. El tipo tres, por ejemplo, cae en el "centro de sentimientos", lo que sugiere que su emoción inconsciente más dominante sea la vergüenza. También significa que tienen ciertas fortalezas y cualidades en relación con los "sentimientos", por lo que caen en esa tríada.

Solo para que quede claro, eso no significa que no vas a experimentar otras emociones. Piensa en el grupo donde te encuentras como un tema. Cualquiera que sea tu tema, ese será tu emoción más dominante.

Las alas:

La razón por la que creo que las alas son un aspecto

importante que debe incluirse en tu interpretación de los resultados de tu Eneagrama es que, en verdad, ninguno de nosotros puede resumirse completamente por un solo tipo de personalidad.

Somos personas únicas y complejas. Siempre evolucionando y cambiando de un momento a otro. Nuestro carácter tiene que ser una combinación de diferentes cualidades también. Las alas ayudan a integrar este concepto en el sistema.

Si bien algunos maestros del Eneagrama argumentan que solo tenemos un ala, estoy convencido de que necesitamos más de una. El número 1 está conectado al 2 de un lado, y el 9 en el otro, incluso si lo juzgamos desde un punto de vista estrictamente numérico. El tipo que está adyacente al 1 es el que llamamos tu ala. Así como se necesitan ambas alas para que vuele un pájaro o un avión, necesitas alas para volar. Estas alas complementan tu personalidad central. Te conectan con tus "vecinos más cercanos", dándote acceso a varios recursos y características que pueden ser muy útiles.

¿Son ambas alas igualmente dominantes, y necesitas desarrollarlas individualmente?

Sí y no. De hecho, no es una pregunta fácil de

responder. El Instituto del Eneagrama ofrece una idea de esto. "La observación de la gente nos lleva a concluir que si bien la teoría de las dos alas aplica en algunos individuos, la mayoría de las personas tiene una dominante. En la gran mayoría de las personas, mientras que la llamada segunda ala siempre está operativa en algún grado, la ala dominante es mucho más importante ".

Creo que lo más importante a recordar cuando se trata de tus alas es que resonarás más con un lado, y está bien. Conforme pasan los años, esto también puede cambiar, y es posible que te encuentres cambiando y mostrando más cualidades de las alas menos influyentes. De cualquier manera, es bueno ser consciente de ambas y descubrir cuál se alinea mejor con tu personalidad básica, y el ser humano en el que deseas convertirte.

Una forma efectiva de acercarte y comprender tus alas:

Entré a mi lugar favorito de yogur no hace mucho tiempo para tomar un descanso después de estar una hora de compras. Por desgracia, dicho descanso relajante no era el único que necesitaba. Estaba esperando en la fila por unos 5 minutos antes de que finalmente me tocara. En lugar de fruncir el ceño y sentir pena por mí misma, decidí observar lo que ordenaban las personas que estaban delante de mí. Cuando me di cuenta de lo únicos que somos todos, fue una experiencia bastante emocionante. Algunas personas no querían coberturas, salvo la base simple. Otros querían cuatro ingredientes diferentes.

¡Una adolescente justo antes que yo quería saber si podía obtener seis ingredientes diferentes! Pensé que era demasiado. Me sentí bastante modesta cuando llegó mi turno y pedí un yogur mediano con solo Nutella como aditivo. Sí, soy adicta a la Nutella, ¿qué puedo hacer?

Este es el punto de la historia ...

Como todos diferimos de manera única dentro de nuestras preferencias, las relaciones con nuestras alas también varían de un individuo a otro. Las alas no es el yogurt congelado; sino los ingredientes a elegir para darle sabor a tu yogurt (tipo de personalidad central). Todos tenemos acceso a nuestras dos alas, y a veces una se inclinará más fuertemente hacia una, o a la otra.

Cuanto más sepas tu preferencia, más fácil será usar tus alas. A algunas personas no les gusta nada. Les llamaríamos un ala ligera en este caso; algunos quieren muchos ingredientes, o demasiado de un tipo. A los que podríamos llamar alas fuertes. Otros como yo quieren la cantidad correcta de ingredientes, y podemos llamarlo alas dobles equilibradas. Conectarse a tus alas puede ayudarte a comprender las sutilezas de tu tipo de personalidad central, independientemente de tu preferencia.

A medida que te inclines más hacia un lado o hacia el otro en tus alas, expandirás tu perspectiva, y aumentarás tu capacidad para manejar la tensión, creando un mayor potencial para enmarcar los influenciadores que ya no te sirven. Cada tipo de personalidad central en cada lado del sistema de nueve puntos viene con un "vecino cercano" conectado. En la siguiente sección, se explorarán algunos de los regalos y desafíos que lleva cada ala mientras descubrimos las cualidades de los tipos de personalidad centrales. Hagámoslo.

Tipos de personalidades del Eneagrama a detalle

ENEAGRAMA TIPO UNO DE LOS TIPOS DE PERSONALIDAD

*T*ipo Uno: el Perfeccionista, también llamado Reformador

Los Tipo Uno generalmente son considerados. Disfrutan de una sensación de control, y constantemente necesitan hacer lo que es mejor. Algunos de los valores centrales de este tipo son la integridad y la responsabilidad.

Es crítico para aquellos que caen en este primer tipo ser considerados buenas personas, a menudo adoptando un enfoque blanco y negro para todo. Algo es bueno o malo

Las celebridades famosas como Hilary Clinton, Martha Stewart, e incluso los reformadores mundiales como Nelson Mandela pueden caer en este tipo.

Cualidades típicas se le atribuyen a algunos. Rasgos de carácter como ser intencional, tener principios, autocontrol, íntegro, y pragmático.

Pueden ser muy tranquilos y serenos, pero también se sabe que son muy críticos con ellos mismos y con los demás. Tienden a ser muy críticos e intransigentes. Dado que caen en el Centro Instintivo, la ira y el enojo son reacciones comunes, pero hacen un buen trabajo al reprimirlo, pues en realidad no les gusta expresar emociones.

Si eres una persona de tipo uno, es más probable que estés interesada en hacer lo correcto en todo momento. Crees en el sentido común, y a menudo eres muy responsable de preguntarte qué ocurre con las personas que no toman la vida en serio, y te haces responsables de ellos mismos. Tienes altos estándares y tiendes a ser un idealista, haciendo lo mejor que puedes para mejorar el mundo que te rodea, de ahí el término común "reformador". Estás orientado a los detalles, eres preciso en tu forma de comunicarte, y estás centrado.

Cómo mejorarte a ti mismo:

La mejor manera de ayudar a tu crecimiento personal es practicar ser menos crítico contigo mismo, si resuenas más con el tipo uno. Aprende a liberar una ira, enojo, o resentimiento saludable, o cualquier otra cosa.

También será una experiencia liberadora aprender a perdonarte a ti mismo y a los demás por los errores, ya que te dará más poder para lidiar con las imperfecciones que conoces. Además, ¡date permiso de divertirte!

Tus Alas

El Ala Nueve:

Regalos: algunos de los regalos que esta ala aporta al perfeccionista estricto incluyen, entre otros, los siguientes.

- Esa fuerte necesidad de corregir o mejorar a las personas, y las cosas se reducen significativamente.
- Puedes tener más puntos de vista, y ser más abierto y colaborativo.
- Hay una mayor sensación de relajación, confianza y aceptación.

Tipo Dos: el Donante también llamado el Ayudador

Este tipo de persona es naturalmente muy empático, atento y útil para los demás, de ahí el término "ayudador".

Piensa en una figura icónica como Diana-Princesa de Gales, o la Madre Teresa, y tendrás una buena comprensión de este tipo de personalidad. Si nos atreviéramos, incluso podríamos asignar este punto numerado a los arquetipos religiosos como Jesucristo.

Algunas cualidades son atribuidas a los de tipo dos. Rasgos de carácter como autenticidad, compasión, generosidad, posesividad, y afecto.

Dado que tienen una necesidad tan fuerte de amor, a menudo pueden volverse agradables hacia las personas.

Los de tipo dos tienen valores muy arraigados que se centran en sus relaciones, y ponen mucha energía en ellos, a medida que a veces pueden descuidar sus necesidades personales. Indudablemente se consideraría que los empáticos caen en esta categoría. Se agrupan como parte del Centro de los Sentimientos, siendo un tipo basado en emociones, y esto por desgracia lleva al sentimiento dominante de la vergüenza.

A menudo, una persona de esta categoría intentará enmascarar la vergüenza que está sintiendo, y esa sensación de no ser lo suficientemente bueno, al compensar en exceso sus interacciones con los demás para que las personas piensen de ellos como buenos.

Si eres una personalidad tipo dos, entonces es más probable que seas una esponja emocional que siempre experimenta más que otros, lo que te hace realmente bueno para dar y apoyar. Pero es posible que te hayas dado cuenta de que es un poco complicado darse o tomarse el tiempo para satisfacer tus necesidades. Estando en piloto automático, debes tener cuidado de no absorber las emociones, ya que esto desestabilizará tu sensación de estar centrado. Eres una persona cariñosa, comunicativa y naturalmente generosa, pero debes asegurarte de que no ocurra desde un lugar de dependencia.

Cómo mejorarte a ti mismo:

Haz del autocuidado y el amor propio una prioridad en tu vida. Entrénate para atender tus propias necesidades. Sé que decir que no y establecer límites es difícil, pero debes comenzar a reconocer cuándo establecer límites para tu propia protección mental, emocional, espiritual y física.

Tus Alas

El Ala Uno:

Regalos: algunos de los regalos que esta ala aporta al tipo donador incluyen, entre otros, los siguientes.

Puedes sentirte más influenciado por ser más generoso, y no solo por dar. Te es de ayuda el darte cuenta de que no tienes que hacer todo por cuenta propia.

Desafíos: algunos de los desafíos que esta ala trae al útil tipo ayudador incluyen, entre otros, los siguientes.

A medida que te involucras más con el trabajo y te involucras menos con tu yo interior, puedes terminar descuidando tus necesidades, y volverte adicto al trabajo. De ahí el peligro del orgullo excesivo como la razón de tu trabajo.

Tipo Tres: El Triunfador también conocido como el Ejecutante

El Triunfador, mejor conocido como el ejecutante, es el término dado para las personalidades de tipo tres. Si bien existen algunas similitudes entre el tipo uno y tres, una persona de esta categoría se ve impulsada más hacia el éxito, y lo mejor de la vida. Quieren ser admirados y validados.

Los tipos tres son esforzados, diligentes, y a veces, incluso un poco obsesivos, lo cual es excelente porque los mantiene activos hasta que logran sus objetivos. Ser el mejor es algo que realmente le preocupa a este tipo de personalidad, y es por eso que a menudo se convierten en los mejores en la industria elegida. Individuos como Muhammad Ali, Will Smith, Tom Cruise, Elon Musk y Oprah Winfrey sin duda serían clasificados como triunfadores en nuestro mundo moderno.

Las cualidades que posee esta persona pueden ser sobresalientes, y también pueden ser bastante dañinas si se centran en lo incorrecto. El deseo de ser el mejor en el trabajo, verse bien, demostrar éxito y ganar siempre puede hacer que un Tipo Tres sea súper competitivo, tenso e incluso puede llevarlos a pisotear a los demás con tal de salir adelante.

Ciertas cualidades se le atribuyen a este Tipo Tres, tales como: ser impulsivos, seguros de sí mismos, conscientes de una buena imagen, adaptables, enfocados, determinados, excelencia, enérgicos, y excelentes en liderazgo y comunicación. A este tipo de personalidad le encanta verse bien y, por lo general, es una persona inteligente y maravillosa para aprender cuando también quieras sobresalir en la vida. Tienen mucha energía y entusiasmo por la vida que muchos consideran contagioso, y esto realmente les ayuda conforme ascienden en la vida, o se vuelven exitosos por mérito propio.

También caen en el Centro de Pensamiento, lo que significa que la vergüenza es un tema emocional subyacente con el que tienen que lidiar de manera continua. Dado que los tres están tan enfocados en la imagen y el éxito externo, generalmente es difícil para él o ella saber cómo manejar las emociones, particularmente la vergüenza. Para los tipos tres, la negación es a menudo la opción preferida.

Su mecanismo de afrontamiento para encarar la vergüenza los esfuerza para convertirse en lo que ellos creen que es el individuo más valioso y exitoso posible, con la esperanza de que esto disuelva dicha inquietud, y sentimientos de vergüenza e insuficiencia subyacentes.

Si tienes la personalidad de tipo tres, la productividad, el alto rendimiento y la excelencia es lo que te impulsa. Te encanta ser el mejor y ser reconocido por ello. Siempre queriendo salir adelante, estás naturalmente motivado para sobresalir de aquellos que te rodean. No hay duda al respecto, piensas diferente, sueñas más grande que la mayoría, y tratas de lograr más que la mayoría de las personas. Tu energía a menudo es contagiosa, y a la gente generalmente le encanta estar cerca de ti, porque los motiva.

Cómo mejorarte a ti mismo:

Tómate un tiempo para evaluarte con regularidad, y obtener claridad sobre lo que significa para ti el verdadero éxito y felicidad. Mirar hacia adentro puede ser un poco aterrador, pero aquí es donde reside tu verdadero poder.

El éxito material no debe confundirse con la llenura y la autoestima, y debes extraer tu poder de la verdadera Fuente de Vida, y no del poder de la agencia. Los títulos, premios y validación externa no pueden ser tu verdadero valor. Y esa profunda sensación de significado que anhelas en tu vida no vendrá de los logros, razón por la cual tomarte el tiempo para entrar y descubrir quién eres realmente te permitirá emerger mejor, y ser más próspero en todos los ámbitos.

Tus Alas

Las dos Alas:

Regalos: Algunos de los regalos que esta ala aporta al tipo triunfador incluyen, entre otros, los siguientes: te permite apreciar a las personas y la contribución que hacen en tu vida.

- También te vuelve más consciente de tus necesidades, y ves el valor de priorizar las relaciones no laborales.

Desafíos: algunos de los desafíos que esta ala le brinda al tipo competitivo incluyen, entre otros, los siguientes.

- Puedes sentir mucha más desilusión y autocrítica si tus logros no son apreciados. Las personas agradables pueden afectar tus acciones.

El Ala Cuatro:

Regalos: algunos de los regalos que esta ala ofrece al tipo competitivo incluyen, entre otros, los siguientes.

- Uno de los mejores regalos que recibirás de esta ala es darte cuenta de que el autodesarrollo y el tiempo para comprender el mundo interior tienen un gran valor.

Tipo cuatro: el Romántico también llamado Individualista

Una persona del tipo cuatro se le conoce principalmente como individualista, pero también me gusta el término romántico.

Esta persona es súper creativa, ve la belleza y magnificencia en todo, y tiende a romantizar las cosas. Piensa en famosos como Oscar Wilde, Michael Jackson, William Shakespeare, o el poeta persa Hafiz, y ahora tienes una mejor idea de las personas que caerían en este tipo.

Las cualidades del carácter asociadas a este tipo de personalidad incluyen: creatividad, autenticidad, coraje, pasión y profundidad emocional.

Sin embargo, también pueden considerarse muy temperamentales, absortos y dramáticos. Los tipo cuatro tienen un sentido subyacente de melancolía, pues invariablemente sienten que les falta algo.

Los tipo cuatro anhelan ser entendidos y atesorados por quienes realmente son, pero regularmente se sienten incomprendidos y decepcionados. Tal persona creará un paisaje mental interno donde se sentiría más libre y sostenido como escapatoria del mundo duro y cruel que nunca "los entiende", ni sus sensibilidades.

Se ha dicho que la mayoría de los cuatro son artísticos, o muy artísticos como un medio de autoexpresión, pero si este es el caso o no, una personalidad tipo cuatro tenderá a sentir una gran decepción e insatisfacción ante el mundo, ya que se sienten diferentes y únicos de aquellos que no son como ellos. Y de alguna manera idealista intentarán encontrar y expresar integridad y belleza.

Siendo el tipo de personalidad más emotiva, tienden a luchar más con el emoción dominante de la vergüenza. Forman parte del Centro de Sentimientos, y sin duda, "sienten" profundamente, por lo que es probable que su malestar sea más pronunciado y más fácil de detectar. Sin embargo, intentan enmascarar esto enfocándose en lo únicos y especiales que son, a pesar de que esto puede llevar a sentir una montaña rusa de emociones al caer en una depresión profunda y otras emociones negativas hacia el otro extremo de la belleza, alegría, fantasía y creatividad inspirada.

Si eres una personalidad tipo cuatro, entonces valoras el individualismo y la autoexpresión. Te encanta ver a alguien compartir auténticamente sus sentimientos, pero notas que a veces puedes ser realmente cálido y acogedor, mientras que en otras ocasiones puedes sentirte seco y frio con las personas. Un día puede estar extasiado y poco después sumergirte en la depresión. La envidia y los celos a menudo se apoderan de ti a pesar de que no te gusta admitirlo.

Cómo mejorarte a ti mismo:

Ese crítico interno que a menudo es tan ruidoso necesita ser domesticado y silenciado. La culpa internalizada no es nada saludable para ti, y requiere un cambio en tu percepción y en cómo procesas las emociones y situaciones negativas.

Aprende a decir tu verdad abiertamente sin perder el control de tus emociones. Encuentra una manera de equilibrar tu montaña rusa emocional para que puedas dejar de caer en el pozo de la desesperación y la depresión.

Tus alas

El Ala Dos:

Regalos: algunos de los regalos que esta ala aporta al tipo individualista, creativo, e intenso incluyen, entre otros, los siguientes.

- El deseo de tener éxito y verte bien, que proviene orgánicamente de esta ala, te ayuda a ser real. En resumen, eres más capaz de equilibrar tu mundo interior y exterior.

Desafíos:

Algunos de los desafíos que esta ala le trae al tipo creativo, intenso e individualista incluyen, entre otros, los siguientes.

- Hay una tendencia a querer arreglar a los demás y al mundo exterior en lugar de a ti mismo.
- Es más probable que te sientas agitado y deprimido a medida que aumenta la presión del rendimiento a lo largo de tu vida.

Tipo cinco: el Observador también llamado el Investigador

La personalidad del Observador, comúnmente conocida como Investigador, es generalmente brillante, altamente intelectual, interesada en aprender de manera continua, y se siente más cómoda en el ámbito del pensamiento. Este tipo de persona tiende a ser muy independiente y disfruta de la soledad. Disfrutan de reunir información, y observar patrones a su alrededor tratando de dar sentido a su mundo y entorno. Individuos como Albert Einstein, Nikola Tesla, Isaac Newton, y Marie Curie son solo algunos ejemplos de tales personas.

Algunas de las cualidades asociadas a los de tipo cinco son innovadoras, autosuficientes, aisladas, secretas, curiosas, perceptivas, académicas, tranquilas y reservadas. Son pensadores intensos e inteligentes, y disfrutan atendiendo los asuntos de su mente en lugar de tratar de encajar en el mundo.

Como tipos basados en la mente, los tipo cinco a menudo se separan de las relaciones, y muchos los consideran emocionalmente inexpresivos. Pero no todos. Algunos cinco se preocupan por la familia y las relaciones, pero lleva mucho tiempo recrear y perseguir sus pasiones. No les es fácil darse cuenta de lo que está sucediendo, y tienen una necesidad exagerada de privacidad.

La personalidad de tipo cinco cae en el grupo del 'Centro de Pensamiento', lo que hace que el miedo sea una de las emociones dominantes negativas con las que tienen que lidiar. El miedo a la insuficiencia es una de las grandes batallas que deben superar al tratar con el mundo exterior, pues se sienten incapaces de lidiar activamente con el mundo exterior. Quizá es por eso que tienden a separarse, ellos y sus propios sentimientos de los demás.

Los expertos dicen que a los cinco les gusta retraerse del mundo debido a su miedo inconsciente y la creencia de que al entrar en sus mentes y usar eso para penetrar en la naturaleza de nuestra sociedad, puedan relacionarse mejor con élla. Desafortunadamente, eso generalmente no funciona demasiado bien para ellos y en su temor de ser abrumados por personas o emociones, pueden parecer arrogantes y despectivos.

Si eres un tipo cinco, es probable que valores mucho el conocimiento y la educación continua, especialmente en los temas que te interesan. Algunas personas piensan que eres demasiado intelectual, y que a veces puedes ser bastante literal, pero realmente no te importa.

Las pequeñas charlas y los chismes te molestan y

prefieres el aislamiento. Tiendes a quedarte atrapado en tu cabeza, y prefieres pasar el rato con gente que te da mucho espacio para pensar. Te gusta ser minucioso en todo lo que haces, y disfrutas mucho de conversaciones profundas y significativas. De hecho, puedes hablar de ello con excelentes detalles técnicos por mucho tiempo cuando te apasiona algo. Reconectarte con las sensaciones y energía de tu cuerpo y corazón es una tarea, a pesar de saber que es bueno para ti, y sobre todo, la libertad personal y la autonomía te brinda un gran placer.

Cómo mejorarte a ti mismo:

Comienza aumentando la cantidad de tiempo que pasas reconectando con tu cuerpo y tus emociones. Tu habilidad para acceder a tu energía y las percepciones más altas del espíritu solo te fortalecerán.

Crea para ti mismo un entorno seguro donde puedas embarcarte regularmente en esta búsqueda, para que puedas combinar tu fuerza intelectual con tu fuerza espiritual.

Pon un poco más de esfuerzo en las relaciones que te interesan.

Hazles saber a tus seres queridos que te preocupas

por ellos, y expresa más tus sentimientos, incluso si te sientes un poco incómodo. Permítete sentir emociones como felicidad, estar enamorado, gratitud, afecto, etc. Esto abrirá un canal para que otros derramen lo mismo en tu vida, y te ayuden a lidiar con los sentimientos de soledad e insuficiencia que a veces resurgen.

Tus Alas

El Ala Dos:

Regalos: algunos de los regalos que esta ala aporta al tipo experto silencioso incluyen, entre otros, los siguientes.

- Tendrás la capacidad de conectarte más profundamente con grupos o equipos en los que confíes.

Tipo seis: El que Duda también conocido como el Escéptico Leal

Una personalidad tipo seis siempre está alerta y consciente de su entorno y responsabilidades. Conocer las reglas y proteger a quienes están bajo su cuidado es extremadamente importante para los seises. Son muy confiables y las personas que les importan valoran estar allí. Desafortunadamente, entre confiar y desconfiar de los demás, tienden a sentirse en conflicto. A menudo rebotan con una tendencia a dudar de sí mismos y cuestionar a otros entre escepticismo y certeza.

Son personas muy sobrias, y toman la resolución de problemas muy en serio, hasta el punto en que se convierte en una carga para ellos. Para un seis, la preocupación y la ansiedad son emociones comunes. En este tipo, siempre falta tranquilidad, y por lo general luchan con una profunda sensación de inseguridad. Si quieres tener una idea de las celebridades que podrían clasificarse como individuos de tipo seis, piensa en Ellen DeGeneres, Tom Hanks y Richard Nixon.

Algunas de las cualidades de carácter asociadas con el tipo seis incluyen: confiabilidad, responsabilidad, compromiso, y lealtad.

Los seis también caen en el 'Centro de Pensamiento', lo que hace que el miedo (que a menudo resulta ser preocupación y ansiedad) sea la emoción más dominante.

Los niveles de estrés para un seis siempre son altos,

y la preocupación parece ser un compañero constante, ya que su perspectiva de vida a menudo es bastante negativa. Se centrarán más en lo negativo que en lo positivo ante cualquier situación dada.

Si eres un tipo seis, tiendes a prestar mucha atención a las personas y problemas. Eres muy bueno anticipando problemas y creando soluciones, y en otros no te gusta la ambigüedad. Pero es posible que hayas notado de que puedes volverte muy pesimista, dudoso, e incluso proyectas sobre otras personas algunos de tus miedos. A veces te gusta jugar al abogado del diablo. A medida que creces, se vuelves más importante superar la desconexión entre la mente y el cuerpo, e incluso si eres cauteloso (e incluso fóbico), también muestras mucho valor al intentar avanzar, incluso cuando el miedo se aferra a ti.

Cómo mejorarte a ti mismo:

Encuentra maneras de lidiar con los efectos paralizantes del miedo en tu vida, y mejora al abordarlo directamente. Pide ayuda y apoyo a un experto o amigo de confianza.

Aprende a tomar las cosas con un corazón ligero.

Reconecta más con tu cuerpo y sentimientos, y crea

un espacio seguro para hacerlo, y así relajar tus procesos mentales, y ayudar en este nuevo experimento. Cuanto más cómodo y seguro te sientas mentalmente, más rápida y agradable será la conexión entre el cuerpo y la mente.

Tus Alas

El Ala Cinco:

Regalos: algunos de los regalos que esta ala aporta al tipo escéptico leal incluyen, entre otros, los siguientes.

- Esta ala te ayuda a tomar decisiones más razonables y sensatas. También te hace de mente abierta y capaz de ver múltiples perspectivas.
- También sentirás un sentido más profundo de confianza interna y autoconfianza como observador y autoridad en tu interés enfocado. Esto ayuda a erradicar la necesidad de buscar la validación de otros.

Desafíos:

Algunos de los desafíos que esta ala trae al tipo escéptico leal incluyen, entre otros, los siguientes.

- Esta ala puede amplificar tus temores y ansiedad, o cualquier sensación de insuficiencia que puedas tener.

- Podrás notar una tendencia a estar demasiado atrapado en tu cabeza, y no estar lo suficientemente alineado con tus sentimientos. Empiezas a ver más el bien, y te vuelves menos propenso a imaginar lo peor de las personas y el mundo en general.

- Podrás notar un cambio dentro y fuera de cómo te acercas a los demás, qué tan juguetón, alegre y entusiasta te sientes. Incluso es posible darte cuenta, e incluso reírte de tus propios miedos cuando los ves.

Desafíos:

Algunos de los desafíos que esta ala trae al tipo escéptico leal incluyen, entre otros, los siguientes.

- Esta ala amplificará la tendencia común al miedo, y evitará el dolor a toda costa. Esto puede llevarte a buscar todo tipo de distracciones no saludables, o a retraerte aún más de la vida.

- En cambio, puedes comenzar a evitar

confrontar problemas que requieren tu atención, y buscar una escapatoria

Tipo siete: el Soñador también llamado Entusiasta

El soñador es espontáneo, un verdadero buscador de placer, y le encanta vivir la vida al máximo.

Divertirse es la máxima prioridad de este tipo de personalidad, y siempre buscan atrapar la próxima aventura emocionante a la vuelta de la esquina. También conocidos como entusiastas o epicúreos, los tipo siete son tipos mentales que piensan a futuro, y no se pueden limitar a una sola cosa. Creen en oportunidades ilimitadas, y demuestra su variedad de pasiones e intereses. Piensa en personas como Steve Jobs, Robert Downey Jr., George Clooney, y Elton John. Creemos que definitivamente caerían en este tipo de personalidad.

Algunas de las principales cualidades atribuidas a aquellos en este tipo de personalidad incluyen: entusiasmo, espontaneidad, ingenio, aventura, diversión optimista, y emoción.

Algunos siete son extrovertidos, aunque no todos son excelentes comunicadores en general. Desafortunadamente, al ser de tipo mental, forman parte del

'Centro de Pensamiento' que hace que la emoción dominante negativa del miedo sea su mayor obstáculo a superar. Y aparece en la forma de evitar el dolor.

Como buscador de placer, un siete hará cualquier cosa para evitar el dolor, y a veces, buscará distracciones que se convierten en una indulgencia excesiva. Pero para evitar el sufrimiento, racionalizan y justifican esta tendencia a la baja. Además, a medida que cambian con tanta frecuencia a la próxima gran cosa, los sietes tienden a estar muy dispersos, lo que les dificulta sumergirse profundamente en una sola idea, o mantener el rumbo en las relaciones y en el trabajo. Una verdadera devoción es difícil para un siete porque creen mucho en "la próxima gran cosa", que les dificulta reducir su visión y concentrarse de todo corazón en una cosa.

Por lo general, se les conoce como "grandes habladores", y son propensos a la adicción y la sobreestimulación, que pueden ser en forma de uso de sustancias, juegos de azar, compras, búsqueda de aventuras. Es fácil realizar múltiples tareas y odias la sensación de constricción.

Todo lo que haces tiene que ser divertido porque es quién eres. Definitivamente eres un ser humano de pasiones múltiples, por lo que la idea comúnmente predicada de encontrar tu "única cosa" no tiene sentido para ti. Te encanta aprender cosas nuevas, y con un optimismo hacia la vida que otros realmente admiran.

Sin embargo, realmente no te importa "salvar la cara" o impresionar a la gente. Solo te importa hacer lo tuyo y pasar un momento épico. Puedes recuperarte muy rápidamente de las emociones y situaciones negativas. Pero en el fondo, te has dado cuenta de que no puedes soportar la experiencia del dolor, y te asusta. Los estados mentales negativos, la depresión y el sufrimiento son insoportables, ya sean propios o ajenos. La introspección no es algo que disfrutes, y atraviesas ciclos de ansiedad y desesperación que te llevan a buscar remedios a cualquier costo.

Cómo mejorarte a ti mismo:

Crea una estructura de soporte segura que te permita lidiar con tu dolor, pérdida, privación o cualquier otro sufrimiento que hayas evitado. Aprende a abrazar tu mundo interior, y a reconectarte con él.

Estate más presente en el momento, y encuentra paz

mental y comodidad sin recurrir a estimulantes. No será fácil, no digo que lo sea, pero puedes hacerlo.

Con tu nivel de inteligencia, ingenio, creatividad, fuerza natural y optimismo, puedes obtener la verdadera libertad y disfrutar de ser esa persona aventurera y en expansión que estabas destinada a ser mientras permaneces enraizado en tu verdadero ser.

Tus Alas

El Ala Seis:

Regalos: algunos de los regalos que esta ala ofrece al entusiasta incluyen, entre otros, los siguientes.

- Crea una sensación de seriedad y motiva tu deseo de libertad ilimitada.

Desafíos:

Algunos de los desafíos que esta ala podría traer al entusiasta incluyen, entre otros, los siguientes.

- Ese mayor sentido del deber podría comenzar a parecer una carga.
- Tus temores subyacentes pueden parecer amplificados, la duda puede aumentar y

puedes terminar sintiéndote culpable. Si tus deseos egoístas se combinan con una necesidad de satisfacción inmediata, entonces, en el nombre del placer y la ganancia, puedes correr el riesgo de ir demasiado lejos. Incluso si eso significa aprovechar al máximo a los demás para obtener lo que quieres.

- Puede volverte más envuelto en ti mismo, despreciar a los demás, y tratarlos con un aires de superioridad.

Tipo ocho: el Retador también llamado Líder

La mejor declaración para resumir este tipo de personalidad es "Soy el maestro de mi destino. Soy el capitán de mi alma". De hecho, este tipo de personalidad cree en tomar el control total de sus vidas y ser percibido como el líder, y protector poderoso y activo. La justicia, la equidad y la independencia para el tipo ocho son de gran valor. Lucharán con venganza si se equivocan.

Los ocho son tipos basados en el cuerpo que les da un apetito físico y fuerte, y fuertes instintos. Son audaces, activos en la toma de decisiones, les encanta ser independientes, y son personas muy intensas.

Una persona tipificada como un ocho generalmente desea una gran vida, y está lista para salir y luchar por ese deseo. En nuestro mundo moderno, personas como Donald Trump encarnan este tipo.

Algunas de las cualidades atribuidas a los ocho incluyen: autoconfianza, coraje, disposición, determinación, poder, generosidad y dominación.

Los ocho a veces pueden ser difíciles de lidiar, sobre todo si sus personalidades se han desarrollado de manera poco saludable. Están predispuestos a que el enojo sea su emoción dominante en el 'Centro Instintivo'. Los tipo ocho realmente saben cómo enojarse. Cada vez que no se salen con la suya, o las cosas salen mal, se enojan rápidamente y esa enojo puede convertirse rápidamente en ira y violencia física si no se controla.

Producen mucha energía para enfrentar los desafíos con la actitud mental y física correcta. Un sentido de debilidad es lo único que un ocho no puede soportar. La vulnerabilidad (basada en la definición según la sociedad) también es algo de lo que un tipo ocho se mantendría alejado, lo que dificulta tener una relación profunda e íntima con alguien ocho.

Aun necesitan sentirse en control y poderosos,

inclusive en sus relaciones íntimas. Los ocho son agresivos cuando se trata de proteger a su familia, amigos y cuidadores. Ellos irán a los confines de la tierra y harán lo que sea necesario para cumplir la misión.

Si eres una personalidad tipo ocho, habrás notado una tendencia a ser excesivo dentro de ti. Algunas personas te llaman mandón, incluso si no entiendes la razón. Lo ves como ser firme, enfocado, claro, asertivo, y llevar a los demás a la victoria.

La ociosidad, la debilidad, y la timidez son cosas que no puedes soportar en ti mismo, ni en los demás, y prefieres que la gente se dirija a ti directamente y con confianza. Puede enojarte al ser provocado, y tiendes a ser vengativo con las personas. Pero mantienes una mente abierta.

Cómo mejorarte a ti mismo:

Tienes mucha energía. Quizá el más enérgico de los nueve tipos, lo que significa que necesitas dirigir constructivamente esa energía. Incorpora algo de autocontrol a tu vida, y no permitas que tu reacción automática siga siendo enojo y agresión, solo por ser un hábito cómodo.

Redefine tu significado de vulnerabilidad, y aprende

a recibir amor y afecto. Solicita ayuda de alguien de confianza, o contrata a un experto si necesitas asistencia y apoyo personal. No es un tipo de debilidad. No te dejes atrapar por esta falsa creencia. Mejorarse es una forma de fortaleza, y te permite convertirte en un mejor líder y protector.

Tus Alas

El Ala Siete:

Regalos: algunos de los regalos que esta ala trae al controlador activo incluyen, entre otros, los siguientes.

- Aprovechar los regalos de esta ala te calmará, aumentará tu felicidad, y te ayudará a moverte con más entusiasmo por la vida. Te da un corazón ligero y disuelve parte de esa crueldad que a menudo gobierna tu vida.
- En lugar de ser un lobo solitario tratando de hacer todo por ti mismo, comenzarás a valorar el conectarte con otras personas, intercambiar ideas, expresar pensamientos, y representar tus fantasías de una manera más armoniosa.

Tipo Nueve: El Pacificador también llamó al Diplomático

Un tipo nueve generalmente es alguien que "se deja llevar por la corriente" en la vida. Sobre todo, valoran la armonía, la paz y el equilibrio, y hacen todo lo posible para evitar conflictos y rivalidades. Individuos como el Dalai Lama, la Reina Isabel II, Abraham Lincoln y Grace Kelly son excelentes ejemplos de personas de este tipo de personalidad.

Algunas de las cualidades esenciales asociadas con este tipo de personalidad incluyen: tolerancia, robustez, fiabilidad, solidez, tranquilidad y buena voluntad.

Los nueve son tipos basados en el cuerpo que les encanta llevarse bien con todos, y es increíble estar con ellos. Los nueve puede tolerar mucho y, por lo general, abordan cada situación de manera optimista. Les gusta ver lo mejor en los demás, y creen firmemente que las cosas siempre van a funcionar para lo mejor. Creen en un universo amigable y quieren tener una mente y corazón abierto lo más posible.

Se agrupan en el 'Centro Instintivo' para vigilar su tema emocional dominante. Toda esta calma, si no se controla, puede convertirse en algo oscuro y poco saludable. Y ocurre principalmente en forma de emociones reprimidas y negadas.

Debido al deseo inherente de ser un pacificador en el mundo, los nueves generalmente niegan las emociones amenazantes de ira que surgen con tanta frecuencia. Con sus impulsos instintivos y emociones dominantes en esta área, no están en contacto con dichas emociones. Su necesidad de evitar el conflicto a toda costa (incluido el conflicto interno) hace que sus sentimientos ocultos y desagradables se repriman. Un nueve también es propenso a la inacción y la dilación, especialmente cuando sienten emociones desagradables.

Si eres una personalidad de tipo nueve, entonces valoras la profunda conexión con el mundo, y aquellos que te importan. Tiendes a cambiar de forma conservadora, y a veces, luchas con falta de motivación. Estar en la naturaleza te da la sensación más satisfactoria

La gente piensa que eres cálido, cariñoso, confiable y atento. Esta tendencia de sacrificio, sin embargo, conlleva algunas desventajas significativas que no te gusta enfrentar, ya que causa molestias. Podrás notar que la gente te empieza a tomar por sentado, o a no valorar todo lo que haces por ellos, y puede ser muy desalentador. Tienes una tendencia a "olvidarte de ti mismo", ya que te fusionas fácilmente con otros, y se te dificulta mucho crear barreras personales.

Cómo mejorarte a ti mismo:

Anímate a correr más riesgos en la vida. Crea un espacio seguro en tu vida donde puedas entrenarte para integrar la armonía y el conflicto, para que dejes de evitarlos todo el tiempo.

Presta más atención a tus propias necesidades, y aprende a establecer límites claros. Vuelve a conectar con tus emociones, y abraza la incomodidad del conflicto o la ira tal como aparece dentro de ti, para que puedas manejarlo con valentía. En lugar de suprimir las emociones negativas que aparecen. Date tiempo y espacio para procesar todos tus sentimientos.

  Con tus principales prioridades, se más estructurado y estratégico. Si se trata de ser más organizado, pide ayuda o adquiere una de las varias herramientas modernas para ayudarte a priorizar mejor las actividades a diario.

Tus Alas

El Ala Ocho:

Regalos: algunos de los regalos que esta ala aporta al pacificador adaptativo incluyen, entre otros, los siguientes.

- La influencia positiva que esta ala tiene en tu personalidad central como pacificador. Te ayudará a construir una estructura alrededor de tu vida y actividades. Desarrollarás una perspectiva más centrada, y llevarás una vida basada en principios.
- En lugar de aceptar la disfunción como la forma de vida estándar, te sentirás capacitado para participar más activamente en cambiar las cosas que salen mal. Estarás más orientado a la acción, pero vendrá de un lugar de propósito y certeza.

Desafíos:

Algunos de los desafíos que esta ala trae al pacificador adaptativo incluyen, entre otros, los siguientes:

- La creciente necesidad de hacer lo correcto y hacer que el mundo sea perfecto puede llevar a una mayor dilación y distracción. El miedo a no hacerlo bien puede convertirse en un gran obstáculo.

- Puedes quedar atrapado en la trampa de hacer lo que "deberías hacer", o lo que se espera que hagas, en lugar de lo que realmente quieres hacer.

SECCIÓN III:

*I*nstintos, subtipos y variantes dentro de la herramienta del Eneagrama de personalidad

PROFUNDIZANDO EN QUIÉN ERES REALMENTE

*A*l igual que los animales, nosotros como humanos hemos seguido evolucionando como seres físicos y conativos. Nuestra evolución nos ha requerido desarrollar estrategias que nos permitirán sobrevivir y extender la vida de nuestra especie en este planeta. Lo que hace el Eneagrama es facilitar una mejor comprensión de las estrategias instintivas que hemos desarrollado como seres humanos, y nos muestra cómo afecta el comportamiento de una persona de diferentes maneras. Esto es más que solo conocer tu tipo de personalidad; se trata de tirar de la cortina de las influencias que te llevan a actuar como lo haces.

Hay tres instintos humanos básicos según los maestros del Eneagrama, y de estos tres vemos una sección detallada de cómo estos instintos interactúan y se combinan con los nueve tipos de personalidad. Estos son:

- Instinto para la autoconservación.
- Instinto social.
- Instinto sexual.

Los tres instintos están dentro de nosotros, y a menudo, gobiernan inconscientemente detrás de nuestras estrategias de vida. Si bien estos tres siempre están presentes, uno tiende a dominar más, y tendemos a priorizar y desarrollar ese impulso particular, mientras que el otro tiende a ser menos dominante. Y dado que no tenemos como prioridad hacer sobresalir al menos dominante, este tiende a convertirse en nuestro punto ciego.

Piensa en estos tres instintos como si fueran un pastel con capas. En la parte superior tenemos el más controlador, en el medio tenemos el segundo que soporta el predominante, y en la parte inferior tenemos el instinto menos desarrollado.

Una vez más, incluso aquí encontramos algún conflicto con algunas escuelas que afirman que no deberían denominarse subtipos, mientras que otras enseñan que en realidad son subtipos del sistema de los nueve puntos. De cualquier manera, no nos importa la etiqueta. Solo nos preocupa cómo podemos entender mejor quiénes somos, y por qué estamos actuando como lo hacemos. El instinto primario con el que nos identificamos, en combinación con nuestro tipo de personalidad de Eneagrama, ayuda a dar forma a nuestro camino de vida y las elecciones que hacemos.

Dado que ese es nuestro enfoque principal, después de una breve comprensión de lo que implica cada instinto, nos sumergiremos en cada una de las veintisiete combinaciones.

Instinto de la autoconservación:

La necesidad de preservar nuestro cuerpo y su fuerza vital. Manténte alejado de las amenazas. Esto incluye nuestras necesidades humanas básicas de alimento, vivienda, ropa, calidez y relaciones familiares.

Este instinto está meramente enfocado en el bienestar físico, la seguridad, la seguridad de lo material, y la comodidad cotidiana. Cada vez que el medio ambiente amenaza nuestras necesidades básicas, podemos usar el acaparamiento de recursos y energía para preservar lo que tenemos como resultado de la amenaza externa. Podemos considerar esto como el instinto primario básico que poseen todas las criaturas. El impulso por la supervivencia y la autoconservación.

Instinto social:

Este instinto social también se llama instinto "adaptativo".

Es la necesidad de llevarse bien con los demás y formar lazos sociales seguros. Se trata de crear un sentido de pertenencia a tu alrededor.

Hoy vemos esto mucho en las redes sociales con membresía, y en comunidades emergentes donde personas con ideas afines (que sienten la necesidad de pertenecer) se reúnen. Se trata de enfocar la energía en trabajar para propósitos compartidos, o para el bien común.

Este instinto tiene mucho que ver con ser parte de algo que resuena contigo donde te sientes seguro, escuchado, y valorado dentro de ese grupo y comunidad.

Instinto sexual:

El instinto sexual también se llama instinto de "atracción".

Es la necesidad universal de procrear y transmitir nuestros genes para continuar. Gobierna nuestra sexualidad, intimidad y las amistades cercanas que apreciamos.

Este instinto también dirige la vitalidad de la fuerza vital dentro de nuestros cuerpos. Se enfoca en la intensidad y la pasión contenida en las experiencias, y en una relación uno a uno que nos lleva a buscar oportunidades que prometen fuertes alianzas, sinergias y conexiones profundas.

Este instinto a menudo se limita a la intimidad sexual, pero está destinado a ser mucho más. Definitivamente se trata de proyectarse en el entorno y experimentar relaciones íntimas que sean placenteras, y de extender tu ADN, pero también puede tratarse de transmitir ideas que te ayuden a crear un legado que va mucho más allá de tu alcance físico.

Cuando interponemos estos tres instintos de comportamiento humano junto a todo lo que hemos hablado hasta ahora, el resultado final es una combinación de doce. El conjunto de combinaciones que se incluye en nuestro tipo de personalidad más dominante nos ayuda a conectarnos con las complejidades de nuestro comportamiento y preferencias diarias.

"Estos instintos se relacionan con la inteligencia instintiva fundamental que se desarrolla dentro de cada uno de nosotros para garantizar nuestra supervivencia como individuos y como especie humana.

Los avances recientes de la investigación en neurociencia han confirmado la inteligencia fuerte y a menudo invisible.

Instinto de Auto conservación	Instinto Social	Instinto Sexual
La necesidad de preservar nuestro cuerpo y su fuerza vital. Mantenerse alejado de las amenazas. Esto incluye nuestras necesidades humanas básicas de alimentación, vivienda, ropa, calidez y relaciones familiares.	La necesidad de llevarnos con otros y formar lazos sociales seguros. Se trata de crear un sentido de pertenencia	La necesidad universal de procrearse y de mantener a la raza humana de generación en generación. Gobierna nuestra sexualidad, intimidad, y las amistades cercanas que atesoramos, además de nuestro legado.
Tipo 1: El Perfeccionista / Reformador	Tipo 1: El Perfeccionista / Reformador	Tipo 1: El Perfeccionista/ Reformador
*Ansiedad	*No-adaptable	*Celos
Tipo 2: El Dador / Ayudador	Tipo 2: El Dador / Ayudador	Tipo 2: El Dador / Ayudador
*Privilegio	*Ambición	*Seducción o Agresión
Tipo 3: El Triunfador / Ejecutante	Tipo 3: El Triunfador / Ejecutante	Tipo 3: El Triunfador / Ejecutante
*Seguridad	*Prestigio	*Carisma
Tipo 4: El Romántico / Individualista	Tipo 4: El Romántico / Individualista	Tipo 4: El Romántico/ Individualista
*Audacia	*Vergüenza	*Competencia
Tipo 5: El Observador / Investigador	Tipo 5: El Observador / Investigador	Tipo 5: El Observador / Investigador
*Castillo	*Símbolos	*Confidente
Tipo 6: El Leal / Dudoso	Tipo 6: El Leal/ Dudoso	Tipo 6: El Leal/ Dudoso
*Calidez	*Deber	*Guerrero
Tipo 7: El Entusiasta / Soñador	Tipo 7: El Entusiasta / Soñador	Tipo 7: El Entusiasta / Soñador
*Red de personas	*Sacrificio	*Fascinación
Tipo 8: El Retador / Líder	Tipo 8: El Retador / Líder	Tipo 8: El Retador / Líder
*Supervivencia	*Amistad	*Posesividad
Tipo 9: El Pacificador / Diplomático	Tipo 9: El Pacificador / Diplomático	Tipo 9: El Pacificador / Diplomático
*Buen Apetito	*Participación	*Fusión

Personalidad tipo uno: el perfeccionista también llamado reformador

Instinto de autoconservación:

El impulso básico del personaje aquí se proyectará como ansiedad.

Este es el perfeccionista que está constantemente preocupado y que busca controlar todo. Su ansiedad hace que constantemente intenten anticipar riesgos, y les gusta estar preparados para todo. Para ellos, la atención al detalle es probablemente un eufemismo. Por lo general, son muy duros con ellos mismos y se toman las cosas bastante en serio.

Este subtipo prefiere evitar expresar enojo incluso si lo sienten, y cuando se interrumpen, a menudo experimentarán y mostrarán una gran frustración. El subtipo de tipo uno tiene una crítica interna muy fuerte y tiende a amplificar su ansiedad y preocupación.

Instinto social:

El impulso de carácter básico aquí se proyectará como No adaptabilidad.

La equidad y hacer las cosas bien motiva este

subtipo. Son pensadores sistemáticos, establecen altos estándares para sí mismos y para los demás, y les gusta ser un ejemplo de integridad y conducta basada en principios.

Practican mucho el autocontrol, y pueden ser muy amigables al estar en su propia zona de confort. Debido a que son tan lineales y ven todo en blanco y negro, les puede ser difícil adaptarse a un nuevo entorno o situación, correcta o incorrecta. También pueden volverse muy resentidos y críticos con aquellos que no se ajustan a su idea correcta.

Instinto sexual:

El impulso de carácter básico aquí se proyectará como celos.

Este subtipo será altamente intenso, apasionado, y mantendrá altos estándares de autocontrol. Tienen una visión idealista de cómo deberían ser las cosas, y tienden a querer reformar a los demás y adaptarlos a "lo que es correcto".

La ira y el enojo serán expresadas directamente por aquellos que caen en este subtipo, especialmente si sus esfuerzos por mejorar a los demás están restringidos. También dan prioridad a la atención de su pareja, y en general son muy celosos de su pareja, o de otras personas que pareciera irles mejor.

2. Personalidad tipo dos: el donante también llamado el ayudante

Instinto de autoconservación:

El impulso principal aquí se proyectará como Privilegio.

Este tipo dos se siente privilegiado y único en cierta manera porque invierten mucho en crear relaciones cálidas y enriquecedoras. Pasan mucho tiempo cuidando a otros y apoyándolos. Como tal, existe una tendencia a hacerse homónimos, e incluso desarrollan una actitud orgullosa que requiere de privilegios especiales y aprobación como resultado de la atención.

Son "agradables" con un espíritu infantil altamente activo. A este tipo dos le gusta que lo cuiden, pero no les gusta mucho los compromisos a largo plazo. El miedo al rechazo es muy importante para este subtipo, y pueden experimentar mucho dolor y abandono cuando no se satisfacen sus necesidades.

Instinto social:

El impulso principal aquí se proyectará como Ambición.

Formar las alianzas correctas y tener grandes aliados es esencial para este subtipo porque quieren construir su autoestima a través de logros visibles, y logros sociales. Disfrutan asumiendo roles de liderazgo y destacando entre la multitud. Disfrutan "estar en" y desarrollan su influencia en función de las conexiones que forman, así como de sus habilidades.

Aquellos en este subtipo no demuestran activamente un espíritu infantil (al menos no tanto como en los tipo dos), y tienden a tener una estrategia de dar más de lo que reciben. Buscar reconocimiento a través de la ambición es más pronunciado en este tipo de dos personalidades.

Instinto sexual:

El impulso básico del personaje aquí se proyectará como Seducción y / o agresión.

Este tipo dos enfocará todas sus energías, habilidades, y habilidades seductoras para formar y fomentar relaciones poderosas e íntimas.

Este tipo de persona es apasionada, resistente, decidida y dispuesta. Son muy devotos en sus relaciones personales, y no les gusta aceptar un no por respuesta.

Este tipo dos usa la seducción, que puede llegar a convertirse en agresión si va demasiado lejos, para obtener la atención y el reconocimiento deseado.

Aunque les gusta usar el lenguaje corporal y tonos sentimentales que podrían verse como seductores, no necesariamente implica un deseo sexual.}

3. El Triunfador también llamado el Ejecutante

Instinto de autoconservación:

El impulso básico aquí se proyectará como Seguridad.

Esta variación de tipo tres está altamente enfocada en el logro y la creación de éxito material para sí mismo. Este tipo de persona evita ser visto como orientado a la imagen, y no le gusta anunciar abiertamente sus fortalezas. Pero sigue siendo muy importante para ellos tener éxito y obtener reconocimiento por su arduo trabajo. El éxito financiero y la creación de una sensación de seguridad a su alrededor es una prioridad enorme para este subtipo.

Trabajan muy duro y les gusta mantener altos estándares y una buena imagen de éxito. Este subtipo tres tiene una gran cantidad de energía y tiende a lograr mucho.

El peligro real para ellos es que a menudo pierden contacto con su "yo" auténtico al perseguir todo ese éxito, y son propensos a crear identidades falsas y valorarse a sí mismos en base a su rol laboral, o estatus social.

Instinto social:

El impulso básico aquí se proyectará como Prestigio.

Esta variación de tipo tres está más interesada en validar y recibir un gran respaldo social. Anhelan el poder, trabajan duro para "conocer a las personas adecuadas", y se centran mucho en obtener poderosos puestos de liderazgo en el gobierno, o en las empresas.

Prestigio, elogios, e influencia es lo que este subtipo buscará principalmente, y por lo general se entrenan para adaptarse a las normas y requisitos sociales de los equipos u organizaciones si les ayuda a ganar influencia y poder. Son altamente competitivos, y les encanta ser el centro de atención.

Este subtipo en particular no tendrá problemas para

dar a conocer sus ideas y logros con confianza. A diferencia del tipo tres, que prefiere no anunciar sus logros y éxitos, este subtipo realmente llegaría al extremo para dar a conocer los suyos. Y para encubrir cualquier cosa que no se alinee con esa "imagen perfecta del éxito".

Instinto sexual:

El impulso principal aquí se proyectará como Carisma.

El poder personal y la identificación de género, así como todos los problemas que surgen de ello, impulsan principalmente tres variaciones de este tipo. Tienen mucho que ver con la masculinidad y la feminidad. Tener una vida de "estrella de cine", que implica tener la imagen exterior perfecta es lo que sacude tu mundo. También son muy entusiastas y carismáticos, lo que los hace muy agradables.

Es muy importante ser atractivo para los demás, ya sea como hombre o mujer. Pero también disfrutan de apoyar a otros en su éxito, y a menudo tienen esa actitud entusiasta de, "si tienes éxito, yo triunfo".

El mayor desafío para este subtipo, a pesar de seguir siendo muy competitivo, carismático y poderoso en el exterior, es que aquellos que caen en el camino poco saludable, a menudo luchan en silencio con sentimientos confusos sobre su sexualidad. Afrontar tales conflictos puede ser difícil, ya que hay tanto esfuerzo para aparecer como un artista poderoso.

4. El romántico también se llama individualista.

Instinto de autoconservación:

El impulso básico del personaje aquí se proyectará como Intrepidez.

Esta variación de tipo cuatro expresará menos sus emociones sin dejar de ser muy sensible e idealista. En cierto sentido, podríamos decir que los tres subtipos son los menos dramáticos. Pero eso no significa que no experimenten tales emociones tumultuosas, solo quieren ser vistos como alguien que no se queja.

La verdad es que este tipo de persona acaba de entrenarse para vivir con dolor y sufrimiento. Saben cómo internalizar las emociones negativas, y prefieren ser lo suficientemente fuertes como para lidiar con cualquier cosa que se presente. A comparación con los otros subtipos, es menos probable que se abran y compartan sus sentimientos con los demás, pero esto no significa que les falte empatía.

De hecho, se esfuerzan mucho por alcanzar y apoyar a quienes sufren a su alrededor.

Este subtipo es muy creativo y profundamente ansioso de experimentar una vida auténtica, aunque eso a veces significa ser un poco imprudente. No tendrán problemas para empacar y mudarse a un entorno completamente nuevo si su detonante de autoconservación los hace sentir como si una experiencia auténtica estuviera en otro lugar.

El mayor desafío para de esta variante del tipo de personalidad es la tensión que a menudo se crea entre el deseo de construir seguridad material en sus vidas, mientras permanecen completamente separados de todo. De hecho, una persona de este subtipo encuentra consuelo en sufrir y expresarlo a otros. Esto tiende a generar atención, apoyo y, a veces, admiración de los demás.

A menudo se sienten inadecuados ante situaciones sociales, y fácilmente envidian el estatus social de otros, o cuando se encuentran con aquellos que parecen haber encontrado un lugar al que "pertenecen". Un sentido de pertenencia realmente los impulsa, y se esfuerzan por establecer un rol social aceptable donde puedan ser celestiales. Su mayor problema es poder superar la vergüenza social que a menudo sienten, y siempre hay un conflicto interno oculto porque constantemente dudan de sí mismos, y luchan con sentimientos de inferioridad. Una persona de este subtipo notará una tendencia a culpar a los demás, a compararse con los demás, y a luchar constantemente con una profunda vergüenza y envidia.

Instinto sexual:

El impulso básico del personaje será la competencia.

Si al subtipo anterior se le puede llamar vergonzoso, entonces a variación de personalidad se le puede llamar 'desvergonzado'.

Este subtipo es muy ruidoso y vocal sobre acerca de satisfacer sus necesidades. Con mucho vigor, expresan sus emociones y deseos. Es lo que yo llamo la reina o el rey del drama clásico. Son muy exigentes y altamente competitivos. Dado a que creen en evaluarse a sí mismos en base a cómo se relacionan con otras personas, la competencia es una motivación importante para este subtipo, y harán cualquier cosa para vencer a la competencia.

Desafortunadamente, esta competitividad proviene de un lugar de inseguridad profundamente arrai- gada, y sentimientos de insuficiencia. Para este subtipo, los bloqueos y problemas personales siempre están resurgiendo, ya que su sentido de valor y valor está directamente relacionado con vencer a aquellos que consideran fuertes y poderosos.

5. El Observador también llamado el Investigador.

Instinto de autoconservación:

El impuso básico del personaje aquí se proyectará en forma de El Castillo.

Esta variación en la personalidad está impulsada por la necesidad de ser muy protector del lugar al que llaman hogar. Su espacio personal y privacidad están mucho más allá de los límites, y no tienen dificultad para establecer límites claros para todos. Disfrutan de vivir una vida cómoda y relativamente solitaria con algunos amigos cercanos.

Una persona de este subtipo preferiría sentarse y observar la vida social en lugar de participar activamente en ella. Son muy cautelosos e independientes al elegir cortar la intimidad para no bajar la guardia y perder esa sensación de privacidad y seguridad.

Tener un refugio seguro a donde puedan retraerse y refugiarse del mundo es esencial para este subtipo. Y dado que también les gusta la reclusión, tener suficientes proviciones siempre es una preocupación para ellos, lo que a menudo lleva a que se acumule y viva un estilo de vida minimalista.

Sin embargo, algunos subtipos van al otro extremo y eligen hacer su 'castillo' donde sea que estén, y terminan viajando para siempre, o moviéndose de un lugar a otro. Tienden a ser introvertidos, pero no todos, y prefieren no revelar gran parte de su mundo interior.

Instinto social:

El impulso base humano aquí se proyectará en forma de símbolos.

Esta variación del tipo de personalidad es brillante, y hambrienta de más conocimiento. Su enfoque principal es buscar el significado y las respuestas a los problemas más importantes de la vida. Toman poco o nada de placer en lidiar con trivialidades todos los días. Su hambre de dominio y la comprensión de símbolos sagrados y el lenguaje, los lleva por travesías que rara vez son seguidos por seres humanos ordinarios.

A este subtipo le encanta conectarse y relacionarse con otras mentes brillantes y expertos que comparten sus ideas, y ansían un mayor conocimiento. Por desgracia, a menudo se atascan demasiado en el pensamiento crítico, el análisis y la interpretación, que ocasiona un obstáculo en su capacidad de participar activamente con los demás.

Una persona de este subtipo tiende a ser muy privada, solitaria y tranquila, no está dispuesta a compartir su espacio personal o sus recursos internos, pero al mismo tiempo, cuando se les motiva a hablar de un tema que les apasiona, pueden animarse mucho, hablar prolongadamente y con gran entusiasmo. Es casi como si pudieran pasar de ser completamente introvertidos a ser enérgicamente extrovertidos al presionar un botón.

Instinto sexual:

El impulso básico de personajes aquí se proyecta en forma de El Confidente.

Esta variación de tipo cinco es la más relacionada y conectada con la persona. También les encanta mantener las cosas confidenciales, pero con este ligero cambio. Un subtipo cinco, confidente en una relación privada uno a uno, se abrirá y compartirá información íntima sobre su mundo interior y su estado de ánimo. Pero solo para unos pocos seleccionados que se someten a una serie de pruebas de lealtad por primera vez.

Este subtipo posee los rasgos de carácter más geniales y analíticos y, aunque sigue siendo súper secreto y reservado, una vez que encuentran esa "química compartida" con otro, se abren y disfrutan de la confianza y la conexión que tal relación les permite.

El principal desafío con el que lucha este subtipo es la creatividad de la tensión.

El que Duda también llamado el Leal

Instinto de la autoconservación:

El impulso básico aquí se proyectará como calidez.

Esta variación de tipo seis es muy cariñosa y cálida. Pero sus miedos, ansiedad e inseguridad son muy pronunciados. Intentan superarlo construyendo relaciones y vínculos fuertes que los ayudarán a sentirse seguros.

A menudo encontrarás que un evento de la infancia pudo haber creado un gran dolor reprimido que hace que tengas mucho miedo de correr riesgos, o cometer errores. Como resultado, este subtipo preferirá reprimir sus emociones negativas, en particular porque lo ven como una forma mejor y más cautelosa de manejar tales sentimientos, sobre todo si creen que pondrían en peligro la calidez de una relación que realmente necesitan.

A una persona de este subtipo no le gusta sentirse "excluida", y lucha por compartir sus opiniones abiertamente. Prefieren permanecer dentro de límites bien establecidos, y asumir riesgos no es fácil.

Instinto social:

El impulso básico del personaje aquí se proyectará como Un Sentido del Deber

Esta variación de personalidad tipo seis está muy centrada y preocupada por cumplir con el deber propio. Para aquellos que pertenecen a este subtipo, la integridad, la equidad y la responsabilidad son muy importantes. Creen en defender al "pequeño hombre" y defender a los débiles.

Este subtipo es altamente racional y dedicado en su trabajo, y elige seguir las reglas y procedimientos establecidos en su entorno. Tienden a ser más blancos y negros, se conectan con ideales sociales, y disfrutan trabajando hacia una causa mayor.

Una persona de este subtipo está muy preocupada

en conocer las reglas, y asegurarse de que todos entiendan su rol, con demasiada frecuencia crean acuerdos claros con colegas y amigos para evitar confusiones o disputas innecesarias. El gran desafío es el miedo al rechazo que a menudo se acumula desde el interior, y el profundo sentido de responsabilidad que conlleva su propio deber, que puede convertirse en un llamado o una carga para ellos, dependiendo de cómo desarrollen su personalidad.

Instinto sexual:

El impulso básico del personaje aquí se proyectará como El Guerrero.

Esta variación particular del tipo de personalidad tiene dos estilos. El primer estilo se basa en superar la tendencia del miedo a través de la fuerza física y de voluntad, y en las hazañas. También se puede ver en la obtención de poder intelectual.

Al crear belleza en su entorno, se ve el segundo estilo. Canalizando su idealismo y perspicacia para crear belleza con la esperanza de que les ayudará a sentirse más en control y estables.

Ambos estilos dentro de este subtipo indican una asertividad audaz que a menudo lleva a la intimidación. Una persona de este subtipo, sin duda, tendrá muchas dudas, miedo e inestabilidad, y a menudo tratará de evitarlo o superarlo yendo directamente hacia él, con un enfoque hacia la fuerza o la belleza. Esta necesidad de seguridad y poder a menudo nubla la capacidad de conectar con nuestras propias emociones, y lleva a una gran lucha contra la vulnerabilidad.

7. El Soñador también llamó al Entusiasta.

Instinto de autoconservación:

El impulso fundamental aquí se proyectará en forma de Redes.

A esta variación del tipo de personalidad le encanta tener cosas buenas en la vida, y está rodeada de relaciones ricas, belleza, conversaciones divertidas y entretenimiento.

Les encanta planificar proyectos o eventos divertidos, preparar comidas elaboradas, ir a cenar. A pesar de estar más interesados en la familia y los amigos, su enfoque enérgico y entusiasta de la vida, y las personas, los hace excelentes para fomentar una relación "familiar" que se va mucho más allá de los lienzos de sangre. Lo que los motiva es asegurarse de que todos lo hagan bien, y tengan la mejor experiencia con ellos.

Una persona de este subtipo suele ser muy buena para obtener lo que quiere, y justificar o defender lo que quiere hacer. El mayor desafío es la tendencia a exagerar las cosas, a ser egoístas, o excederse de alguna forma en las comidas, conversaciones, compras, o estimulantes.

Instinto social:

El impulso básico del personajes aquí se proyectará como Sacrificio.

Este subtipo tiende a actuar contra la característica común de insaciabilidad mostrada por los otros siete. Son generosos y tienen un fuerte deseo de ser alguien en el mundo, y hacer la diferencia. Les complace sacrificar sus propias necesidades para satisfacer las necesidades del grupo, la familia, la organización o la persona a la que apoyan. Tienen una visión utópica de la vida, que generalmente les sirve bien.

Sin embargo, este subtipo experimenta una corriente subyacente de dependencia, pues necesitan amigos, y otras personas o proyectos grupales para expresarse y sentir que están haciendo algo significativo. En secreto esperan ser reconocidos y apreciados por los sacrificios que hacen en toda su naturaleza de sacrificio.

Una persona de este subtipo es muy generosa, visionaria en su pensamiento, se enfoca más en los demás, y se siente atraída por cualquier cosa que busque satisfacer una causa mayor. Su principal desafío es la tendencia a juzgar mucho a los demás y a sí mismos cada vez que perciben una sensación de egoísmo.

Instinto sexual:

El impulso básico aquí se proyectará como Fascinación.

Aquí encontramos al soñador clásico e idealista. Esta variante del tipo de personalidad ve el mundo por medio de filtros color de rosa. Inmediatamente se sienten atraídos ante nuevas ideas, nuevas personas, y potenciales aventuras, y caen en un estado de fascinación de inmediato. Pero esta sugestibilidad funciona en ambos sentidos.

Este subtipo no solo se fascina con facilidad, sino que también es fascinante hacia los demás. Su encanto puede ser muy persuasivo e irresistible, lo que hace que esas personas sean excelentes cuando se trata de ventas y servicio al cliente.

Una persona de este subtipo ve lo bueno en todo y siempre está entusiasmada y optimista. Siempre están conectados a la corriente de infinitas posibilidades.

El principal desafío es lidiar con cosas que consideran aburridas, insignificantes, y predecibles. Las condiciones, los individuos, e incluso un mundo aburrido son completamente inaceptables y se convierten en una fuente de frustración.

8. El Retador también llamado el Líder

Instinto de autoconservación:

El impulso básico del personaje aquí se proyectará como Supervivencia.

Esta variación de la personalidad estará más orientada y centrada en la supervivencia y la protección de las personas bajo su cuidado. Más enfocado en garantizar el éxito y la seguridad en bienes materiales. Estos subtipo ocho son agresivos y excesivos en sus tendencias.

Una actitud mental típica es "ganar o morir luchando". Por lo general, este subtipo se ve como una personalidad muy poderosa, productiva y directa que nunca admite situaciones simplemente porque las cosas se ponen difíciles. También protegen muy ferozmente a su familia y amigos, y a menudo son vistos como el pilar fuerte que mantiene unidas las cosas.

Una persona de este subtipo es segura, poderosa, directa y generalmente asumirá el papel de tutor, padre o madre. Están muy preocupados en protegerse a sí mismos, sus alrededores, y a quienes están bajo su cuidado. La supervivencia es una preocupación importante en todo momento.

Instinto social:

El impuso básico del personaje aquí se proyectará como una camaradería.

Esta variación de personalidad de ocho todavía tiene la misma agresión y exceso de tipo ocho, pero se puede canalizar de manera diferente. Una sensación de injusticia e impotencia es activa entre las personas que caen en este subtipo, que intentan resolver formando grupos o alianzas a las que están muy dedicados.

Se centran más en causas sociales y prefieren ser el líder del grupo o alianza, sirviendo a las personas para una misión superior. La injusticia, o el abuso de poder desencadenan sus sensibilidades, y sienten la necesidad de proteger contra aquellas cosas bajo su influencia. Prefieren apoyar a otros en lugar de afirmar sus propias necesidades personales.

Una persona de este subtipo generalmente elegirá mediar su ira aprovechando esa energía para satisfacer las necesidades de los miembros de la comunidad a la que sirven. También querrán ser el "escudo" que protege fielmente a su tribu de la autoridad injusta, o cualquier otro tipo de peligro.

Instinto sexual:

El impulso fundamental del personaje aquí se proyectará como posesividad.

Esta variación de tipo ocho exige control sobre los demás, y les encanta poseer lo que sea que deseen. Les gusta ser rebeldes y no temen romper las reglas. La impulsividad gobierna este subtipo, y las personas muy intensas generalmente siempre están listas para interrumpir las cosas y provocar cambios. Nunca evitarán desafiar el statu quo, y deberán impulsar el cambio, ganar poder e influencia sobre los demás.

Cuando se trata de intimar, la agresión y posesión aún está muy pronunciada, a menudo queriendo dominar por completo a la pareja.

Una persona de este subtipo tendrá las mismas cualidades agresivas y excesivas que todos los tipos ocho, pero con una calidad distinta. Tienden a llevarlo demasiado lejos.

Existe un hambre de poseer, que puede ser bueno si está enfocado a una buena causa. Pero si se dirige hacia algo perjudicial para ellos y para otros, también puede ser peligroso. A veces, este subtipo de personalidad puede estar dispuesto a soltar y a rendirse si sienten un deseo lo suficientemente fuerte de tener un compañero que satisfaga sus necesidades.

9. El Pacificador también llamado el Diplomático.

Instinto de autoconservación:

El impulso básico del personaje aquí se proyectará como un Fuerte Apetito.

Esta variación de personalidad es algo similar a un subtipo de ocho donde están muy centrados en sí mismos y preocupados por satisfacer las necesidades físicas.

La provisión de bienes materiales y confort diario es muy importante. Quienes caen en este subtipo tienen un gran apetito por la comida y en poseer cosas.

Una persona es a menudo una coleccionista en este subtipo. Muy enfocada en satisfacer sus necesidades personales y brindar comodidad con lo material. Les encanta el tiempo a solas, y pueden volverse muy irritables si alguien amenaza su sentido de equilibrio, o interrumpe los ritmos diarios que apoyan su vida instintiva. La abundancia material es a menudo más importante que el crecimiento personal o espiritual.

Instinto social:

El impulso básico se proyectará como una Fuerte Necesidad de Participar.

Esta variación de la personalidad en los nueve es el tipo más amable, desinteresado y cálido. Aquellos que están en este subtipo suelen ser fuertes, confiables, siempre en armonía con los demás, y hacen un gran trabajo mezclándose con las actividades de sus amigos, o los diferentes grupos sociales de los que forman parte.

Este subtipo, que a menudo muestra excelentes habilidades de liderazgo y una contribución desinteresada, se posicionará como el mediador o facilitador que les resulta natural. Su motivo instintivo es ser parte de un grupo más amplio, o el benefactor de la comunidad. No les gusta cargar a otros con sus luchas personales, por lo que generalmente mantienen una actitud feliz, y se centran en las necesidades y roles de otras personas.

Una persona de este subtipo está más interesada en sentir que está participando en algo significativo. Trabajan duro para hacer felices a sus seres queridos, y dispuestos a hacer los sacrificios necesarios para satisfacer las necesidades de las personas bajo su cuidado.

Son afectuosos y amigables para hacer todo lo posible para ser un pilar confiable y concreto para aquellos bajo su cuidado, incluso si eso significa descuidar su propio dolor y luchas.

Instinto sexual:

El carácter fundamental que impulsa aquí la unión con los demás es su motivo instintivo, que puede ser sexual o espiritual con otra persona, naturaleza o vida misma.

Este anhelo profundo a veces puede ser caótico, o puede ser la entrada hacia una experiencia trascendental. Cuando se asocian con otros, tienden a sentirse más cómodos y seguros y, por lo general, no pueden estar solos. Como resultado, puede haber una tendencia a aceptar las demandas de otras personas y excluir sus preferencias personales.

Una persona de este subtipo suele ser muy cálida y cariñosa con un profundo deseo de fusionar. Su desafío más importante es hacer esto práctico en la vida diaria, y mantener los límites personales, así como enfocarse en uno mismo.

Cómo determinar tu subtipo:

Antes de pasar a la siguiente sección, he aquí algunos consejos sobre cómo reconocer tu subtipo. Esto podría ser fácil para algunas personas. Puedes hacer la prueba del Eneagrama en cuestión de minutos y determinar tu centro y subtipos. Si ese eres tú, excelente. Estás listo. Simplemente aplica todo lo que has aprendido a medida que avanzas en la vida.

Sin embargo, si no tienes tanta suerte y aún te sientes perdido, confundido, e incluso incapaz de descubrir tu subtipo al instante, puedo ayudarte. No estás solo. Esto es algo que le está sucediendo a muchas personas. Requiere más estudio y exploración con el tiempo, así que deja que el proceso evolucione naturalmente.

Creo que todos nos identificamos con los tres impulsos instintivos hasta cierto punto. Entonces descubres que eso es solo saber que no hay nada malo contigo. Después de todo, en cada uno de nosotros, todos existen. Pero, ¿qué es lo más importante para ti en general? Esta es la claridad que necesitas.

Los subtipos del Eneagrama no están destinados a ser una ciencia precisa. Más bien, tienen el propósito de evocar un tema específico y hacerte consciente de las diversas estaciones en tu vida, y los diferentes motivos que influyen en tus elecciones. La herramienta de personalidad Eneagrama es un sistema dinámico orientado al crecimiento, y está destinado a ser un inventario personal que tiene como objetivo identificar las motivaciones y fortalezas de tus miedos básicos para que a través de una trayectoria específica pueda facilitar tu crecimiento personal.

Si puede comenzar identificando con seguridad tu tipo primario y el centro de inteligencia principal (una de las tríadas), podrás descubrirlo. A medida que determinas con qué te identificas, evitas volverte demasiado rígido al respecto.

Mira el diagrama que comparto a continuación. Se te debe proporcionar una representación visual de tus subtipos. Puedes elegir primero identificándote con el centro instintivo más atractivo. Por ejemplo: si te sientes realmente impulsado por el instinto social y la necesidad de pertenecer o luchar por una causa mayor dentro de un grupo, entonces puedes concentrarte en el instinto social, y unir tu tipo del Eneagrama con el subtipo correspondiente.

Instinto de Auto conservación	Instinto Social	Instinto Sexual
La necesidad de preservar nuestro cuerpo y su fuerza vital. Mantenerse alejado de las amenazas. Esto incluye nuestras necesidades humanas básicas de alimentación, vivienda, ropa, calidez y relaciones familiares.	La necesidad de llevarnos con otros y formar lazos sociales seguros. Se trata de crear un sentido de pertenencia	La necesidad universal de procrearse y de mantener a la raza humana de generación en generación. Gobierna nuestra sexualidad, intimidad, y las amistades cercanas que atesoramos, además de nuestro legado.
Tipo 1: El Perfeccionista / Reformador	Tipo 1: El Perfeccionista / Reformador	Tipo 1: El Perfeccionista/ Reformador
*Ansiedad	*No-adaptable	*Celos
Tipo 2: El Dador / Ayudador	Tipo 2: El Dador / Ayudador	Tipo 2: El Dador / Ayudador
*Privilegio	*Ambición	*Seducción o Agresión
Tipo 3: El Triunfador / Ejecutante	Tipo 3: El Triunfador / Ejecutante	Tipo 3: El Triunfador / Ejecutante
*Seguridad	*Prestigio	*Carisma
Tipo 4: El Romántico / Individualista	Tipo 4: El Romántico / Individualista	Tipo 4: El Romántico/ Individualista
*Audacia	*Vergüenza	*Competencia
Tipo 5: El Observador / Investigador	Tipo 5: El Observador / Investigador	Tipo 5: El Observador / Investigador
*Castillo	*Símbolos	*Confidente
Tipo 6: El Leal / Dudoso	Tipo 6: El Leal/ Dudoso	Tipo 6: El Leal/ Dudoso
*Calidez	*Deber	*Guerrero
Tipo 7: El Entusiasta / Soñador	Tipo 7: El Entusiasta / Soñador	Tipo 7: El Entusiasta / Soñador
*Red de personas	*Sacrificio	*Fascinación
Tipo 8: El Retador / Líder	Tipo 8: El Retador / Líder	Tipo 8: El Retador / Líder
*Supervivencia	*Amistad	*Posesividad
Tipo 9: El Pacificador / Diplomático	Tipo 9: El Pacificador / Diplomático	Tipo 9: El Pacificador / Diplomático
*Buen Apetito	*Participación	*Fusión

Si eso no parece arrojar resultados claros, intenta un enfoque diferente. Dentro de los subtipos que más resuenan contigo, puedes elegir escribir los nueve conjuntos. Probablemente te sentirás más atraído por uno de los conjuntos de nueve términos que los otros dos. El que más te atraiga debe ser el título instintivo que mejor describa tus hábitos, preocupaciones, y ansiedades a largo plazo.

Al principio, mi amiga Joanna estaba luchando por identificar su subtipo. Ella pensó que era una personalidad del Eneagrama de tipo cuatro, teniendo como subtipo dominante el instinto de autoconservación. Su esposo no estaba de acuerdo. Esto creó algunas dudas en ella, y antes de que finalmente se sintiera cómoda con su tipo y subtipo de Eneagrama elegido, requirió de muchos estudios y una profunda reflexión. Quizá al principio tengas que hacer lo mismo. Continúa y deja que los dibujos a continuación te guíen hacia tu verdad.

SECCIÓN IV:

Usando el Eneagrama para Enriquecer Tu Vida

INTEGRANDO UNA HERRAMIENTA
ANTIGUA A UNA VIDA MODERNA

*E*s innegable que el modelo del Eneagrama es tan simple como sumamente complejo.

Las capas en el sistema del Eneagrama como se muestra en el capítulo anterior se diseccionan. Afortunadamente para ti, no te llevará una década.

De hecho, todo lo que necesitas para iniciar tu autodescubrimiento es hacer una prueba para conocer tu tipo en el sistema de nueve puntos, y descubrir tu subtipo, de modo que puedas estar bien encaminado hacia revelaciones profundas sobre tu comportamiento, tus fortalezas y como crecer.

Cuanto más entiendas por qué haces lo que haces, más fácil será para ti. Por lo menos, tendrás una nueva visión para interactuar y comprender a aquellos que conoces en tu vida cotidiana. Ese es el poder del Eneagrama.

Este sistema, transmitido por generaciones desde la antigüedad hasta los tiempos modernos, puede convertirse en una herramienta útil para tu crecimiento personal, resolución de conflictos e incluso desarrollo de personajes.

¿Hay áreas en tu vida con las que has estado luchando?

¿Tienes relaciones dolorosas solo porque no parecieras ser capaz de hacer que funcionen como crees que deberían? ¿Hay personas en tu trabajo, o no pueden verse cara a cara en el hogar, pero sabes que solo tienen que encontrar una manera de llevarse bien debido a los compromisos que has contraído?

¿Es tu cuerpo el que simplemente no pareciera escuchar o responder positivamente a algo que intentas hacer?

Todos estos problemas pueden mejorarse con el uso de esta herramienta.

ACELERANDO TU CRECIMIENTO
PERSONAL Y AUTOEXPRESIÓN

*E*l crecimiento personal y la autoexpresión son tan esenciales como respirar para nosotros como seres humanos.

Todos estos problemas pueden mejorarse con el uso de esta herramienta. El deseo de autoexpresión surge naturalmente una vez que aseguramos las necesidades básicas que nos ayudan a sentirnos seguros y cómodos. Estás destinado a ser parte de nuestra evolución y autorrealización.

La autoexpresión no significa necesariamente que el arte se produce, escribe, realiza o nada de eso. Puede incluir eso para algunas personas, pero en esencia, se trata de comunicar tu verdad, y usar el lenguaje corporal, tu trabajo y acciones, y cómo interactúas y te involucras en tu mundo con los demás. Esto también incluye cómo te viste, cómo conduces tu automóvil, cómo decoras tu hogar, etc.

El principal desafío en el crecimiento personal y la autoexpresión se produce cuando sientes que hay un bloqueo o una falta de inspiración y creatividad para superar algo que quieres retratar a otra persona de alguna manera.

Si alguna vez has estado en una situación en la que realmente querías expresar algo que pesaba en tu corazón, pero por alguna razón no has podido sacar esta emoción.

Este es un problema común cuando aun no entendemos los motivos, instintos y comportamientos que afectan a nuestras personalidades. Es posible que tengamos una idea de lo que queremos comunicar, pero nos falta ejecución o una demostración completa.

El otro día estaba viendo un programa de cocina, y una de las concursantes que competía para ganar $ 10,000 comenzó a llorar cuando su pastel no se parecía en nada al que ella había imaginado en su mente. Incluso los jueces tuvieron dificultades para calificarla porque podían ver su angustia, y el hecho de que no podía manifestar la idea creativa que tenía al comienzo de la competencia.

La razón por la cual la herramienta de personalidad Eneagrama funciona tan bien en mejorar la vida de las personas es porque les ayuda a comprender mejor sus fortalezas, obsesiones, impulsos instintivos y señales de advertencia. Esta herramienta también destaca los temores subyacentes que a menudo guían nuestro comportamiento

Don Richard Riso y Russ Hudson revelan los nueve temores centrales que todos debemos estar conscientes en "La Sabiduría del Eneagrama."

Tipo uno: miedo a ser malvado o corrupto.

Este tipo de personalidad se esfuerza por ser moralmente recto y virtuoso frente a la corrupción externa. Tienden a ser perfeccionistas, sudando incluso por detalles mínimos en todo momento. Y su miedo subyacente es la corrupción. Por lo tanto, lo que los motiva a ser meticulosos y a tomar acciones virtuales es por la necesidad de demostrar que el miedo está mal. Motivados por su propio sentido de integridad, las personas del tipo de personalidad uno se esforzarán constantemente en alejarse de la corrupción hacia la virtud.

Tipo dos: miedo a no ser querido o no deseado por otros

Este tipo de personalidad se esfuerza por ser amado y deseado por quienes lo rodean. Dan, nutren, e invierten gran parte de su tiempo, esfuerzo y recursos para cultivar relaciones a fin de superar el miedo inherente a no ser amados. Los donativos y ayuda que provienen de aquellos con el tipo de personalidad dos, vienen de un lugar donde demuestran que merecen ser deseados y amados por los demás por dar demasiado. Se esforzarán constantemente por alejarse de la inutilidad, y hacia relaciones que fomenten el amor mutuo y el cuidado.

Tipo tres: miedo a ser inútil e insatisfecho

Este tipo de personalidad tiene como objetivo lograr el éxito y el status quo como la medida correcta de su propio valor. El miedo subyacente aquí es una sensación de inutilidad inherente a él. Este tipo siente que no son deseables aparte de sus logros y, por lo tanto, deben lograr tanto como sea posible para ser deseados y aceptados por otros. Se esforzarán por pasar continuamente de la inutilidad hacia logros impresionantes donde puedan ganar una gran admiración y respeto.

Tipo cuatro: miedo a carecer de una identidad única, especial y significativa.

Con este tipo de personalidad viene la necesidad de demostrar a los demás su singularidad e individualidad. El temor subyacente en el tipo de personalidad cuatro es que serían indignos y desagradables si fueran "ordinarios" o "promedio". Como tal, buscan crear una identidad única para demostrar su significado en el mundo.

Los que tienen una personalidad tipo cuatro se mueven constantemente de lo normal a las expresiones de individualidad e intensidad. Temen estar indefensos, abrumados, e incapaces de lidiar con el mundo que los rodea. Como resultado, intentan aprender tanto como pueden y dominar todo lo que pueden para sentirse seguros, capacitados y capaces de manejar el mundo. Aquellos en este tipo de personalidad se esfuerzan constantemente por alejarse de la ignorancia y la ambigüedad hacia el conocimiento y la comprensión.

Tipo seis: Miedo a estar sin apoyo u orientación.

Esta personalidad tipo seis se esfuerza por encontrar orientación y apoyo de quienes los rodean. Su miedo subyacente es que ellos mismos no puedan sobrevivir. Como tal, siempre buscan el mayor apoyo y dirección de otras personas como sea posible. Quienes caen en este tipo de personalidad se esfuerzan constantemente por alejarse del aislamiento y dirigirse a la estructura, seguridad, y orientación de otras personas.

Tipo siete: miedo a la privación y al dolor

Esta personalidad tipo siete se esfuerza por lograr sus deseos más salvajes y encontrar satisfacción. Su preocupación subyacente es que sus necesidades y deseos no serán satisfechos por otros. Más bien, sienten que tienen que ir y perseguir por su cuenta lo que quieren. Aquellos en este tipo de personalidad se esfuerzan por alejarse del dolor, la tristeza y la impotencia hacia la independencia, la felicidad y la satisfacción.

Tipo 8: miedo a ser herido, o controlado por otros

Este tipo de personalidad se esfuerza por ser independiente, poderosa, influyente y autodirigida. Su principal preocupación es ser traicionado, controlado o violado de otra manera. Este tipo de personalidad no puede ser controlada, ni estar a merced de los demás. Solo al tener el control de sus circunstancias se sienten bien y seguros. Quienes caen en este tipo de personalidad se alejan constantemente de las limitaciones externas, y hacia la autosuficiencia y el poder.

Tipo nueve: miedo a la pérdida y la separación de los demás.

Este tipo de personalidad se esfuerza por mantener la armonía y la paz tanto interna como externamente. Su miedo subyacente es que sean separados de los demás y desconectados. Temen que el mundo a su alrededor pierda su sintonía. Como tal, harán todo lo posible para vivir en armonía con otras personas y el mundo que les rodea, pues esto crea una sensación de seguridad y conexion. Aquellos con este tipo de personalidad generalmente se esfuerzan por alejarse del conflicto y el dolor hacia la estabilidad, la paz y la armonía.

Al comprender tu tipo principal de Eneagrama, tus miedos básicos y subtipo, tus dones naturales son completamente apreciados, y las limitaciones no son tan misteriosas.

Se vuelve más fácil encontrar satisfacción en tu trabajo y relaciones. Estarás mejor equipado para manejar situaciones, entornos hostiles y comportamientos impulsivos. Por ejemplo, si sientes un profundo deseo de que otros sientan una actitud positiva hacia ti, quizá tengas problemas para saber cuándo decir "no" a algo, porque estás predispuesto a querer complacer a las personas. Entonces, si te piden que hagas turnos dobles en el trabajo, podrías decir "sí", incluso si te duele. Ante tal situación, aprender a decir "no" sería la respuesta más saludable y satisfactoria, sin embargo, solo tendrías esta conciencia de tí mismo si realmente entendieras más sobre tu tipo de personalidad.

Algunas personas pueden detectar rápidamente sus personalidades primarias y subtipos, mientras que lleva tiempo, estudio y auto-reflexión constante para los demás. No se cuánto tiempo te llevará, pero te animo a que comiences, porque cuanto antes lo hagas, más rápido podrás crear una vida más saludable y equilibrada. Antes de pasar al impacto y al beneficio de usar esta herramienta y los conocimientos adquiridos para mejorar tus relaciones, te invito a tomar la prueba del Eneagrama y descubrir tu tipo primario, así como tus alas, centro, y subtipo.

PRUEBA DEL ENEAGRAMA

*H*agamos un breve repaso a los principales tipos de personalidad antes de pasar a la prueba interactiva en línea:

Tipo 1: Reformador

Si ese eres tú, entonces no tienes duda. Tienes un propósito específico, fijas altos estándares para ti, y eres muy autocontrolado.

Tipo dos: Ayudador

Si ese es tu tipo principal, entonces te impulsa la necesidad de que otros sean amados y atendidos. Eres generoso, compasivo, humilde y edificante. Existe un profundo deseo de sentirte amado y aceptado, y a veces tal regalo se puede hacer en un esfuerzo por asegurar ese estado de amor.

Tipo tres: Alcanzar

Si este es tu tipo principal, entonces estás más enfocado en ser el mejor. Deseas que otros te perciban como exitoso. Por lo general, eres muy asertivo, ganar es todo y es muy importante para tu imagen personal.

Tipo cuatro: Romántico

Si ese es tu tipo principal, entonces tienes un ojo impecable para la belleza en todo lo que haces. Estás más en sintonía con tus emociones y las de los demás, y a veces puedes ser bastante dramático. Eres un romántico de corazón, y un santuario para ser atesorado es tu mundo de fantasía interior.

Tipo cinco: Observador

Si ese es tu tipo principal, concéntrate en el conocimiento y obtén más conocimiento. Con un profundo deseo de nuevas ideas y un mayor entendimiento, eres muy intelectual. Puedes articular nuevos paradigmas de una manera visionaria, y aunque prefieres el aislamiento, cuando te invitan a hablar sobre un tema, puedes ser muy acogedor y comprometido.

Tipo seis: Leal

Si este es tu tipo de personalidad central, entonces estás lleno de valor. Eres seguro de ti mismo, y confiable. A menudo luchas con la duda y dudas de los demás, lo que puede crear una montaña rusa de emociones para ti, pero estás muy comprometido y decisivo cuando no tienes dudas.

Tipo 7: Entusiasta

Si ese es tu tipo principal, entonces lo tuyo es diversión y espontaneidad. Estar cerca de ti es divertido, entretenido y agradable. Tienes una perspectiva muy positiva y saboreas la riqueza del mundo. Sin embargo, tiendes a distraerte fácilmente, y siempre pareciera que te mueves a la próxima aventura emocionante, pero si no estás disperso o distraído, tienes el potencial de enormes logros.

Tipo 8: Retador

Si este es tu tipo principal, ¡entonces eres intenso! Te gusta estar con otros directamente. Te preocupa la productividad, la alta energía, y la excelencia en tu trabajo. Eres autodeterminado, generoso y tienes un gran corazón. Otros generalmente te perciben como muy poderoso, lo que a veces puede hacer que parezca algo intimidante y controlador, especialmente cuando intentas obtener control e influencia sobre los demás.

Tipo nueve: Pacificador

La paz y la armonía son tu principal impulsor si caes en una personalidad tipo nueve. Eres auténtico, sin pretensiones y paciente, te llevas bien con todos, te encanta servir a los demás y priorizas tus necesidades. En tu mejor momento, puedes reconocer, alentar y ayudar a sacar lo mejor de los demás.

Haz la prueba ahora, y una vez que tengas los resultados, regresa a la sección II para leer una descripción más detallada de tu tipo, luego pasa a la sección III para averiguar qué tipo de pastel con capas tienes.

Para acceder a la prueba, simplemente copia y pega el siguiente enlace en tu navegador:

https://bit.ly/2xEWljI

¿Recuerdas lo que hablamos acerca de que los subtipos son como capas de un pastel que todos tenemos?

Significa que ya tienes los tres instintos básicos, pero uno será más dominante. Al descubrir cómo está dividido tu pastel, comenzarás a estar más consciente en tus elecciones diarias, y algunos de tus impulsos, reacciones y experiencias tendrán más sentido.

Eres un tipo de personalidad combinada con tus alas y centro, así como tus instintos básicos divididos, ahora te brindan una comprensión detallada de lo que te hace funcionar. Y qué liberación se convierte a medida que avanzas para mejorar tus relaciones con los demás.

CULTIVANDO RELACIONES
AMOROSAS Y SALUDABLES

*C*ultivar relaciones saludables, y que nutran es vital para todos nosotros. Pero sabemos lo difícil que puede ser con demandas constantes, sobre todo en nuestra sociedad moderna. Es por eso que elegir tus relaciones sabiamente es aún más crítico que nunca.

Las personas con las que te asocia e inviertes tu energía, tanto personal como profesionalmente, impactan tu bienestar y éxito directamente. Es por eso que te animo a mejorar con las personas adecuadas a tu alrededor. ¿Pero quién es la persona adecuada?

En particular, al introducirse combinaciones del tipo de Eneagrama, un punto crítico a recordar aquí es que ningún emparejamiento es particularmente bendecido o condenado a funcionar. El error que tantas personas cometen es evitar o infravalorar todos los otros tipos una vez que aprenden sobre estas combinaciones del Eneagrama. Centrarte en una combinación particular no garantiza que estarás feliz, nutrido, y enamorado.

Lo que quieres lograr es otro objetivo. Quieres asegurarte de que tanto tu como la persona interesada muestren las versiones saludables de sus tipos. Mientras dos de ustedes (sin importar el tipo) estén saludables, será increíble experimentar juntos.

Esto no siempre es la norma, desafortunadamente. Ahí es donde se juega con el autodescubrimiento y la educación superior. Cuanto mejor estés informado sobre el tipo, el nivel de salud, y las tendencias de la otra persona, mayor será tu comprensión de la relación. Es una gran herramienta para ayudarte a profundizar tus relaciones, ya que los hará conscientes de sus comportamientos. Una vez que arrojes a la luz tus miedos, motivos y tendencias naturales subyacentes, así como sobre tus dones, tendrás la opción de responder a las relaciones en tu vida.

Independientemente de tus necesidades actuales de relaciones, ya sea construir relaciones profesionales saludables con los clientes, o cultivar una relación apasionada e íntima con tu pareja. Te ayudará a amar más en el presente y a tener una experiencia más sólida en tu verdadera naturaleza. Finalmente, cuando actúas por miedo, y cuando actúas por tu propia verdad, podrás reconocer. También te permitirá discernir los deseos de tu verdadero yo, y los que son superficiales.

Se vuelve fácil amar y vivir en armonía con los demás una vez que tienes tal nivel de claridad y autoconciencia. En lugar de reaccionar cuando las cosas no salen como quieres en una relación, te sentirás capacitado para reaccionar con amor, apoyo, ánimo y sacar lo mejor de los demás. También te convertirás en un mejor comunicador, que es más importante. Y todos sabemos lo importante que es la comunicación en una relación sana.

Una de mis mejores amigas ha experimentado recientemente el poder de usar esta herramienta del Eneagrama para ayudarla tanto a su autodescubrimiento como el de su prometido.

No hay duda en su mente de cuánto Tom la ama. Es el hombre más generoso, cálido, agradecido, cuidadoso, juguetón y cariñoso que haya conocido. Son la pareja perfecta porque su personalidad parece ser complementada por él. Ella dice: "Me siento tan amada y especial cuando estoy con él. No hay nadie más con quien me gustaría casarme, pero a veces puede ser algo controlador, necesitado e insincero, y realmente creó fricción entre nosotros".

Eso fue antes de sugerirles que ambos estudiaran el Eneagrama. Ella ya había tomado el examen, por lo que no era una idea demasiado descabellada, pero antes de que Tom aceptara, tomó un poco de convencimiento. Ella me dijo que su relación se había transformado por completo en menos de un mes. Ha encontrado nuevas formas de mostrar su amor, y siente más compasión cuando aparecen algunas de sus debilidades.

Han aumentado su nivel de intimidad y comunicación. Sobre todo, sus conductas ya no son tanto como un enemigo misterioso que intenta sabotear el amor del otro. Solo puedo suponer que sus autodescubrimientos enriquecerán aún más su futuro matrimonio.

Aunque elegiré centrarme más en las relaciones personales e íntimas, el mismo concepto se puede aplicar a cualquier relación con la que desees trabajar.

Devolviendo la magia del amor apasionado:

No hay nada más emocionante que encontrar a alguien que "te atrape". Cuando hayas descubierto tu tipo de Eneagrama y lo uses para mejorar, y engrandecer quién eres realmente, cambiará la forma en que abordas las relaciones para siempre.

Esta no es una lectura del horóscopo, sino una herramienta para determinar el mejor tipo de personas que complementarán y mejorarán toda tu vida. No digo que sea una ciencia exacta, pero cuando aprendas sobre los tipos de personalidad de tus seres queridos, te sorprenderá lo armoniosas que serán tus relaciones. Las tendencias que generalmente te impiden tener relaciones saludables contigo mismo y con los demás ya no serán un misterio. Después de todo, cuanto más feliz seas, más fácil será cultivar relaciones saludables.

Tipos de combinación sugeridos del Instituto de Eneagrama:

Hay algunas ideas sobre las relaciones para cada tipo que podrían ser un excelente punto de partida si buscas nuevas relaciones amorosas para manifestar:

Tipo 1: El Perfeccionista o El Reformador

Mejores tipos de combinación: 1 2 3 4 5 6 7 8 9

Tipo 2: El Ayudador o El Dador

Mejores tipos de combinación: 1 2 3 4 5 6 7 8 9

Tipo 3: El Triunfador o El Ejecutante

Mejores tipos de combinación: 1 2 3 4 5 6 7 8 9

Tipo 4: El Romántico o El Individualista

Mejores tipos de combinación: 1 2 3 4 5 6 7 8 9

Tipo 5: El Observador o El Investigador

Mejores tipos de combinación: 1 2 3 4 5 6 7 8 9

Tipo 6: El Leal o El que Duda

Mejores tipos de combinación: 1 2 3 4 5 6 7 8 9

Tipo 7: El Entusiasta o El Soñador

Mejores tipos de combinación: 1 2 3 4 5 6 7 8 9

Tipo 8: El Retador o El Líder

Mejores tipos de combinación: 1 2 3 4 5 6 7 8 9

Tipo 9: El Pacificador o El Diplomático

Mejores tipos de combinación: 1 2 3 4 5 6 7 8 9

Sé que es difícil de escuchar, pero si dejas de pelear y te relajas de vez en cuando, el mundo no se derrumbará. Libera la necesidad de monitorear constantemente cada resultado. También es genial compartir tus valores y motivaciones fundamentales abiertamente con tus seres queridos. Hazles saber cuánto les importas, e invítalos a esa visión para mejorar el mundo. Aquellos que "te atrapan" harán más que solo alentar tus tendencias y apoyarlas.

Tipo dos: el Dador

Después de descubrir que eres cálido, empático y motivado por la necesidad de ser amado y necesitado, esta es tu sugerencia para una relación.

Combate el impulso de saltar siempre y solucionar los problemas de otras personas, incluso si eres bueno en ello. Aprende a estar allí sin estar demasiado absorto en su mundo para tu pareja y, a menudo, sal de la caja para estar en contacto con tus sentimientos. Pregúntate: "¿Cómo estoy?"

Tipo tres: el Triunfador

Al descubrir que eres motivado por el éxito, ganar a lo grande y estar enfocado hacia un alto rendimiento y productividad, esta es tu sugerencia para una relación.

Tienes mucho que ofrecer, no solo el éxito material y el estatus social. Conéctate a ese "más" que tienes. No siempre estás obligado por el aprecio y el valor de alguien por tus logros. Aprende a hacer conexiones auténticas, y no tengas miedo de profundizar e ir más alla del prestigio y éxito material que tienes.

Tipo cuatro: el Romántico

Después de descubrir que eres un romántico natural con buen ojo para la belleza, y que eres más creativo y expresivo que la mayoría, esta es tu sugerencia para una relación.

Aprende a tomar el control de tus emociones, o ellas te controlarán a ti, y crearán problemas constantes. Sin consumirte, puedes ser más consciente de tus emociones. Como sabes, existe la tendencia de ser una reina o rey del drama, y de ser particularmente sensible al sentirte incomprendido, comunícalo a tu ser querido y ayúdalo a conocer ese lado tuyo para que, cuando ocurra, ellos también puedan responder en consecuencia. Usa tu poder de percepción para ponerte en la piel de la persona que amas para que puedas ver las cosas desde su perspectiva, para que siempre sepas qué hacer ante cualquier situación.

Tipo cinco: el Observador

Después de descubrir que eres el tipo reservado y analítico, motivado por el hambre de obtener más conocimiento, aquí está tu sugerencia para una relación. ¡Solo hazlo! No te preocupes de ser "atraído" por alguien más donde la química se alinea. Tus sentimientos no son demasiado para ser tratados por otra persona, y tienes lo necesario para ser bueno en esto. Aprende a reconectarte más con tu corazón para saber cuándo es el momento de cambiar de cabeza, hacia el corazón.

Tipo seis: el Leal

Después de descubrir que eres el tipo práctico, comprometido, pero siempre ansioso, aquí tienes tu sugerencia para tu relación.

No todos tienen una "agenda oculta". Sé que es difícil de escuchar y te está costando ser optimista, pero no te hará sentir optimista. Tu capacidad de ser un gran y leal amigo, siempre confiable, es un poder que no debe subestimarse en nuestro mundo moderno en particular. Aprenda a usar este poder para construir un vínculo robusto y confiable con otra persona importante.

Tipo 7: El Entusiasta

Con el nuevo descubrimiento como el tipo divertido, espontáneo y motivado por el placer en busca de experiencias que te estimulen, aquí está tu consejo de relación.

Tu actitud positiva y amante de la diversión es contagiosa y siempre atraerás a grandes personas hacia ti, pero debes hacerlo. Encuentre el valor para enfrentar lo que podría llevarte a actividades que son inquietantes y superficiales. ¿Acaso es tan malo saber que estás comprometido con la persona adecuada? Tienes tanta grandeza y sabiduría que ofrecer que comienzas a trabajar para estar más enfocado en el cuerpo y la mente.

Tipo 8: el Retador

No hay duda al respecto, eres feroz e intenso. Eres poderoso, lleno de energía, fuerte y motivado por la necesidad de controlar a los de abajo y protegerlos. Aquí hay un consejo de relación que puede ayudarte a cultivar conexiones increíbles.

La vulnerabilidad no es algo malo en sus ojos, especialmente con la persona que amas. Ten el derecho a expresar cualquier emoción que surja de ti. El "tu" verdadero puede ser lidiado por personas que te aman. El verdadero poder que posees es la capacidad de mostrar fuerza y ternura cuando la situación lo exija. No te detengas ni luches contra esos raros momentos, ya que se convierten en tus momentos más mágicos con la persona que amas.

Tipo Nueve: El Pacificador

Al descubrir que eres el tipo tranquilo y armonioso que siempre se lleva bien con todos, aquí esta nuestro consejo para ti.

Sí, eres un pacificador, pero no siempre tienes que "conformarte" con algo si realmente no lo quieres. Y siendo el maravilloso mediador que eres, incluso si difieres, puede ser más fácil expresar tus necesidades y deseos a otra persona. Aunque te haga sentir incómodo, tienes permiso para expresar una opinión contrastante a tu pareja. El que realmente te ama apreciará aún más tu conocimiento del estado de ánimo y la perspectiva de las cosas. ¡Entonces, di tu verdad!

MAPEANDO TU CAMINO MÁS
ALEGRE Y

*C*omo dijimos al principio de nuestra travesía hacia el autodescubrimiento y comprensión del Eneagrama, este sistema se basa en una práctica antigua desarrollada a lo largo de los años para ayudarnos a aplicarlo mejor.

El Eneagrama moderno, tal como lo conocemos, se divide en un sistema de nueve puntos y se subdivide en tres tríadas o centros. Las tríadas representan la cabeza, el corazón y el intestino, alternativamente denominados: centro de pensamiento, centro de sentimiento y centro del instinto, que forman los componentes esenciales del psique humano.

Si bien hay tantos sistemas de tipificación de la personalidad disponibles en la actualidad, el Eneagrama se destaca entre la multitud y, por esta razón en particular, mantiene su mérito global. No solo se sumerge más profundamente en las variantes que experimentarás incluso dentro de tu tipo dominante, sino que también agrega un aspecto único a las cosas.

Es decir:

Se te da la dirección hacia la integración, que explica cómo es probable que tu tipo se comporte cuando se encuentra en una senda de salud y crecimiento. Y también se te da la dirección hacia la desintegración, que describe cómo es probable que tu tipo actúe bajo presión y estrés.

Esto significa que tu autodescubrimiento va mucho más profundo que los sistemas de tipificación de personalidad habituales, porque te da el poder de introspectar y tomar nuevas decisiones conscientes en cualquier área de tu vida, incluyendo las relaciones. Es una herramienta vital para cualquier persona interesada en llevar su crecimiento personal y su autoconciencia al siguiente nivel.

El Eneagrama es una herramienta diseñada para ayudarte a observar tu personalidad (ego), y cómo funciona más de cerca. Ser consciente de quién eres realmente, los instintos básicos que impulsan tu comportamiento, y la calidad del carácter que puedes construir para crear un camino saludable y progresivo en la vida, o un camino desintegrador es el inicio de tu autodescubrimiento.

Dependiendo de tu tipo de personalidad central, hay ciertas pasiones que mantener vigiladas, y trabajar hacia la transformación en un nivel fundamental. Cuanto más reflexione sobre tus comportamientos y motivos, más fácil será convertirlos en virtudes saludables porque, como recordarás al inicio del libro, afirmamos que cada uno de nosotros es puro y bueno en esencia.

Aquí hay un resumen rápido de las pasiones o comportamientos que pueden gobernar inconscientemente tu vida, además de cómo transformarlos en virtudes saludables. Al realizar la prueba en línea, donde proporcionamos el enlace en un capítulo anterior, la mejor manera de averiguar tu tipo es. Al responder honestamente a todas las preguntas, tu puntaje más alto te mostrará qué tipo de personalidad eres. Tenga en cuenta que puedes tener múltiples puntajes altos porque, como dijimos, el Eneagrama es un sistema complejo e interconectado, al igual que un ser humano es complejo, y por lo tanto, no puede restringirse rígidamente a un solo tipo estricto.

Alternativamente, puedes volver a los capítulos anteriores y leer todas las descripciones detalladas de todos los tipos de personalidad, e intentar decidir cuál es el tuyo. Si crees que te conoces lo suficientemente como para identificar tu tipo al instante, puedes continuar estudiando y entendiendo tu tipo elegido, y toda la información adicional que hemos compartido en este libro.

Cómo el Eneagrama puede ayudarte a crecer y manifestar una vida llena de alegría.

El Eneagrama es como un mapa que potencia tu capacidad de auto-observación, y te muestra cómo alcanzar niveles más altos de conciencia. Cuanto más desarrolles una visión clara de la versión más saludable y mejor que puedas ser, más alegre y próspera será tu vida. Puede ser tan simple como lo desees, o tan complejo. Se recomienda empezar con lo básico. Este libro cubre todos los conceptos básicos y una comprensión profunda de las complejidades del sistema. Sin embargo, eso no significa que nuestros estudios terminan allí. Aun puedes sumergirte más profundamente en tu tipo de personalidad central, alas y subtipo auto-determinado, al aventurarse en lo que se le conoce como niveles de desarrollo.

En 1977, Don Riso descubrió y empezó a desarrollar lo que ahora se le conoce como los nueve niveles de desarrollo, que son las estructuras internas que conforman el tipo de personalidad en sí. En otras palabras, lo que Don Riso enseña es que tienes una estructura interna que es el núcleo de tu personalidad. Hay capas dentro de estas estructuras internas, y una cierta demostración de comportamiento de tu tipo de personalidad se pronunciará según tu nivel. El rango se extiende desde niveles saludables, promedio y bajos hasta niveles más bajos y poco saludables.

Don Riso y Russ Hudson mejoraron aún más este descubrimiento en la década de 1990. Son los únicos maestros del Eneagrama que incluyen esta estructura interna en sus enseñanzas del Eneagrama. El libro recomendado en el capítulo nueve, "Widsom of The Enneagram" (La Sabiduría del Eneagrama), también puede ayudarte a comprender mejor lo que estos maestros entienden por niveles de desarrollo, además de cómo elevarte más en tu desarrollo.

Han desarrollado estos nueve niveles de desarrollo para ofrecer una estructura "esquelética" de cada tipo, que puede ser muy útil para terapeutas, consejeros y otras profesiones médicas que trabajan con pacientes.

Al aprender más sobre los nueve niveles de desarrollo dentro de su tipo de personalidad, y en dónde se encuentran en un momento dado, puedes comprender si la persona está funcionando dentro del rango saludable, promedio o insalubre y apoyarlos en consecuencia.

Hay otros libros disponibles en línea de Don Riso, pero te animo específicamente a que revises la Sabiduría del Eneagrama si te sientes listo para sumergirte a mayor detalle dentro de tu personalidad central. Con la información que se comparte en este libro, puedes mejorar en tu trabajo, relaciones saludables, y en tu estilo de vida en general. Así que si no quieres ser experto en esto, no te preocupes. Ya tienes todo el conocimiento necesario para engrandecer tus habilidades de auto-reflexión y de conciencia propia.

Ahora que has dado los primeros pasos hacia adelante, no hay marcha hacia atrás. No podrás ser el mismo en tu trabajo, relaciones, y cómo te percibes a ti mismo. Tendrás una mejor oportunidad de controlarte a ti mismo ante cualquier entorno o situación que se presente si has hecho el trabajo interno. También tendrás más confianza en la planificación de tus metas futuras. Tener este equilibrio interno y externo es lo que necesitas para prosperar como tu verdadero ser en nuestro mundo moderno. ¡Ahora que eres mejor en entender, obtener las herramientas necesarias, y cultivar la calidad de vida que siempre has deseado!